经营之神

——日本启示录

〔日〕长谷川洋三 著
〔美〕安东尼·基姆 英译
王广州 汉译

2013年·北京

Yozo Hasegawa
Translated by Anthony Kimm
REDISCOVERING JAPANESE BUSINESS LEADERSHIP
Copyright © 2010 John Wiley & Sons (Asia) Pte. Ltd
All Rights Reserved
Authorized Translation from English language edition
Published by John Wiley & Sons (Asia) Pte. Ltd

目　录

序言 ……………………………………………………（1）
1. 颠覆增长模式　获得最大成功 ………原口兼正（1）
2. 正确的服务定位，良好的销售状况 ……铃木敏文（18）
3. 以消费者为导向　克服一切阻碍 ………前田新造（32）
4. 公司传统重要　消费需求至上 …………岩田聪（45）
5. 摆脱各种规范　处处为顾客设想 ………濑户薰（59）
6. 从日本的餐桌走向世界 …………………茂木友三郎（72）
7. 适应信息技术革命　创新实体经营策略 …柳井正（82）
8. 在变革的世界中谋求发展 ………………加藤壹康（98）
9. 重新启动日本公司的发动机 ……………三村明夫（111）
10. 机遇就是逆境的倒转 ……………………大坪文雄（122）
11. 业务不必居于第一位 ……………………长谷川闲史（135）
12. 赢在新的工作环境 ………………………坂根正弘（147）
13. 提高管理水平 ……………………………御手洗富士夫（160）
14. 回归本源 …………………………………丰田章男（176）
15. 稳步迈向目标　不要急于求成 …………榊原定征（191）
跋 ………………………………………………………（208）
参考书目 ………………………………………………（210）

序　言

十年以来，日本企业界发生了翻天覆地的变化。诸如终生聘用、年功序列工资制之类的金科玉律，由"临时"雇佣合同、绩效工资所取代。二战结束后的二十年内，日本经济奇迹般飞速增长，在此期间，日本的教育机构培养出大批具有"军人"作风的员工，这一白领工薪阶层积极投身于将国家建设为经济强国的行列。他们成功了。长时间劳作，而少有怨言，他们的存在几乎和公司是密不可分的。感念于他们的耿耿忠心，公司给予他们终生工作的保障和权益，他们一生得以与朋友畅饮、享受公司出资旅游的权利。人口真的成了这个国家最丰富的自然资源。

在《日美安全保障条约》的保护下，整个国家得以集中精力搞生产。政府鼓励重要产业，推动出口，建立现代的国家基础设施，促成中产阶级消费社会的兴起。

二战惨败后的日本只用了一代人的时间，由百业俱废一跃成为全球第二大经济体。但是，20世纪70年代爆发石油危机，随后，80年代早期日元升值、90年代初期房产泡沫迅速破灭，经济无限制增长的形势走到尽头。随着世界跨入21世纪，中国与印度等新兴经济大国成为新的大规模生产中心，成为全球经济增长的驱动体，意欲替代先进的西方工业化国家，其中，也包括日本。

面对人口老龄化、内需萎缩等问题，日本似乎在世界强国行列中回落到更为普通的地位上。然而，日本仍拥有一些世界闻名的规模最大、技术最先进、认可度最广泛的公司；这些公司的技术完善程度以及商业运营模式依然是新兴国家学习的典范和良师。总之，日本的领军企业，不仅仅局限于制造业，已然拓展出国内市场之外。它们需要到更广阔的空间去搏击风浪。日本企业在信息技术（IT）进步、市场全球化的过程中发现了新的机遇。全球面临的环境问题、可持续性发展的挑战也带来了日益增长的压力，日本企业也从中发现了新的机遇。

全球经济形势发生结构性变革的过程中，日本公司又重获旧时的荣光，重树雄心，引起世人的瞩目。大规模的汽车和电子制造业，一直是日本外向型经济的主要驱动力，由于全球需求萎缩、竞争日益激烈，都遭到了重创，但在同样的世界经济环境下，新的商业巨头和公司兴起于更广泛的经济领域，比如娱乐、时装、餐饮等行业。日本越来越多的公司出于发展的必要和雄心，不再仅仅出口那些精密复杂、毫无生气的机械设备，而是急切地投资于日常生活领域，以满足人们对生活品位日渐提高的需求。

同时，这个国家重要的制造行业，比如汽车、机械、电子和钢铁，创造出增值产品和尖端技术，重新改造自我，强化适应世界的能力。这些公司打入新兴的亚洲市场比较早，现在也正在利用这个优势。

书中涉及的所有公司几乎都实行了重整全球经济的举措，目标对准东方。即便日本能够最大限度地利用其专门技术和技术优势，也应该与亚洲新兴的经济体合作，靠拢这个世界经济增长的中心区域，附骥尾而谋求共同的发展与进步。

因此，拙著的主要目的就是针对15家最有潜力、发展稳定的日本公司，解释其最高管理者的重要策略、人生观和工作原则。他们力求在21世纪达到产值稳定增长、雄视全球的新高度。本书特别讲述的商界领袖中，我直接采访过很多人，加之，在日本的主流商报《日本经济新闻报》40多年的工作积累，也做过研究与资料核实等工作，可以征引官方消息，希望能讲清楚目前日本的商界巨子在想些什么。

我认为，这15个公司的现任总裁能够恰到好处地体现日本产业的未来，在关注他们的同时，一提及这些公司的名字，肯定也会让人想起日本过去的辉煌。这就是本书的主旨。不论是杰出的领导人锐意改革的成果，还是公司在文化上根深蒂固的求变传统，都说明这些公司在战胜经济危机方面有突出的能力，在危机之后，公司更加强盛，更加致力于创造一个辉煌的未来。

本书涉及的公司及其领导人包括称霸全球游戏软件的任天堂、迅速崛起于服饰零售业的迅销公司（优衣库）；为消费者提供生活保障的柒和伊控股、西科姆（安全）以及大和控股，这些公司经过不断的改革，效益稳步增长，同时也获得了消费者更高的信任。

本书也涉及到一些传统企业，比如，麒麟控股（饮料）、资生堂（化妆）、万字集团（食品）和武田药业，它们都迅速发展为全球性企业。最后，我还要讲几个重要的制造企业，诸如丰田汽车公司、松下集团、佳能公司、新日铁集团、小松制作所和东丽株式会社，这些公司都致力于提高技术，增强竞争力，树立一个更强大的全球企业形象。

事实一次次证明，它们有能力克服经济危机，经过坚持不懈的努力，适应新的经济形势，一如既往的改善运营策略，从而提高了竞争力。许多公司面临前所未有的全球经济衰退时，也明白一个道理，必须重新认识本土的商业价值观。

日本公司立足于国界日益消弭的世界，致力于平等竞争，多年来试图采用或仿照较为"西化"的企业模式，强调速度和短期效果。然而，现在的公司总裁回到了原点，他们意识到，不论是国内，还是世界经济舞台，要想实现最大的商业利益，就要回归到更加传统的日本商业价值观、商业运营方式上去，即注重树立长远目标，像手工艺人一样始终专注于质量、对细节一丝不苟，管理工作有持续性，工厂或车间占据首位，稳妥地积累生产，坚持改善自身。

这些优势不一定能产生技术上的飞跃，让公司一蹴而就，面貌发生突变。但是，长期以来，这些优势已然成为日本商业文化的特质，尊重传统，尊重人际关系，依然是至关重要的行业准则。

这并不是说，日本的公司没有遭受到2008—2009年全球金融危机的重创。丰田汽车公司受到前所未有的损失，即便它已跃升为世界汽车制造业的第一位。对于很多公司而言，要经过相当长的时间，实行彻底的改革，才能恢复稳固的积极收益。丰田章男提倡更加"本色"的管理方式，指出大多数日本公司只有更加重视特有的管理经验和实力，才能将其所拥有的技术优势和人才资本有效地投入到产品之中，才能有效地提供比那些低成本竞争对手更高质量的服务。这样，他们就能在满足21世纪人类需求的过程中，发挥主导作用，同时，影响未来全球经济的模式。

遗憾的是，还有很多公司本书不能一一述及。如果日本公司能最大限度地利用技术资产和知识资产，尤其在环境保护领域，而且，能调整其传统的商业价值观，适应成功的全球化模式，我完全有理由相信，本书提到的任何一家公司即便未来不会一路领先，也能够蓬勃发展。

因此，希望通过这本书，读者能了解到当代日本企业管理的优势、日本公司的实力，也许能为您了解当前的新经济模式增添一些色彩。

最后，我向神原翔表达最深挚的谢意，他在本书的写作过程中给予我很大的帮助；本书涉及的各公司管理人员和公关部主任也是鼎力合作，在此，我也致以最热诚的感激之情。

长谷川洋三
2010年1月

1

颠覆增长模式 获得最大成功

原口兼正
董事会常务副董事长
西科姆株式会社

1950年8月生于京都。1974年3月毕业于武藏工业大学（今更名为东京都市大学）工程学系的电信工程学专业。1974年4月，入职于日本警备保障株式会社（今更名为西科姆株式会社）。2002年任副总经理，2005年任总经理，2010年1月起，任董事会常务副董事长。人们都认为，他继承了公司创始人饭田亮的管理理念和精神，就其技术精英的背景而言，他能在信息时代为公司带来新的繁荣和增长。

反复重申自己的价值观

　　人身安全,在日本是一个比较新的概念。日本被认为是世界上最安全的国家之一,近年来,才像很多西方国家那样,致力于抑制日渐提高的犯罪率,这是工业发展不可避免的现象。社会科学家归纳出的各种成因,包括收入相对的平等和稳定、民族构成近乎单一,这就形成共同的社会准则和风俗习惯;另外,还包括社会行为,这一因素并非受宗教信仰或普遍的行为准则所制约,而是由维持小团体和谐的特别需求和迫切需要所决定的。任何人都归属于某个小团体,比如家庭、学校、邻里以及工作单位。人员往往在相对狭小的社会圈子里变动,这比起其他任何事情来说,也许更加强调日常的行为规范和道德准则,以促进和维持社会秩序。

　　日本的全球化程度高,商品流通更加自由、服务产业发达、特别是劳动力的素质更高,由于这些优势,这个曾经较为孤立的岛国逐渐发展为一个更加开放、更加多元的社会。社会需求多变,生活方式多样化,使这个社会具有更大的灵活性,尤其是日本人口日渐萎缩,这也许预示了日本今后需要更多的移民,以维持这个国家社会经济的基础建设。经济利益与价值观念更加多元化,人们日益脱离或归附一些偏狭的社会团体;故而,个人犯罪和不夹带个人因素的犯罪多受个人利益和经济目的的驱使,而鲜由社会关系的恶劣所引起。这类现象在日本呈稳定上升的趋势。

　　个人安全,形式多样,因而是一个增长型产业。而这个迅速老龄化的国家中,防止犯罪只是其发展过程中不可分割的部分。西科姆之类的公司位于日本国民人口结构变化、经济发展的潮头,致力于迎接国内外新的挑战,发掘新的机遇,因而在不断地拓展业务,重新定位其业务的意义。

　　人们普遍认为,西科姆公司创始人饭田亮是日本安全保障产业的奠基人。饭田亮是家中的第五个儿子，其父是东京最古老的日本桥区的酒商。饭田家族为饭店和宾馆提供酒水饮料，在当地小有名望。

饭田亮排行第五，根本无望接手家族产业，因而无拘无束、自由自在地长大成人。父母鼓励他积极地发展各种兴趣爱好，但并没有娇惯他，不过，要求他无论做什么事都要用正当积极的方法，目标要明确而有意义。

饭田亮记得，小时候，只是因为低头走路，或者大庭广众之下无精打采地蹲着，父亲就会狠狠地申斥一通。对父亲而言，在公开场合垂头丧气、精神涣散，简直就是丢人。

实际上，饭田亮的父亲思想开通、性情直率。他总是教导孩子去理解心理素质在现实生活中所发挥的作用。

饭田亮也会时时记起母亲的告诫，不要着急叹气。"一叹气，就让幸福溜走了。"母亲说。小饭田亮发现那个形象的说法非常有道理，他说自己一直注意不要叹气。

饭田亮得益于父母深入浅出的教诲，成长过程中一般都遵从长辈的劝告，但不是盲从。否则，怎么会全然推翻对公共安全保障的依赖，最终创造一个行业呢，更不用说跃居该行业的巅峰了。

安全防护没有免费的

能够预见生意会失败，是件好事。如果依赖他人介入其中去力挽狂澜，那么我解决问题的能力就会丧失殆尽。

上面这段话也许恰到好处地表达了饭田亮的性情与经营理念。饭田亮视冒险为定数。每个人既可能失败，又可能成功。饭田亮认为，任何商业行为都取决于敢于面对风险的勇气。"如果一味坚持稳妥的做法，也就没有决绝之心、少有动机行事，也就没有任何进取的希望。"

饭田亮决定创立一个行业，这确确实实是冒极大的风险：长期以来，人们以为心境平和，不需要任何花费。他认为，只有更强大的安全防护与保障，心境才能更加平和，这些可以花钱买得到。本章一开始提到，安全保障在日本还是相当年轻的行业，至少作为私营企业努力的方向是这样的。当然，政府通过国家的警力为公众提供安全保障。但是，除了要抵御某些外在的威胁，大多数日本人都骄傲地认为，他们的国家绝对是"一个安全和平、秩序井然的"国家；民众无条件地尊重彼此的财产和私生活。人们对安全感已经习以为常，像氧气一样。安全保障作为一种商品还没有真正当作必需品或中意产品出现在任何人面前。

第二次世界大战日本战败之后，也许这个民族更专注于重建国家，顾不上考虑保护仅存的东西。1960年代早期，巨大的贫富差距已经浮现出来，饭田亮注意到每年报道的犯罪数量不断上升，开始意识到"日本人也会把心境平和的保障当作一种商品，这一刻终将到来。"

公共安全，不同于个人安全保障，是属于警察的职责范围。全国上下每个社区的警亭都驻有警力。他们实施地方人口普查，或徒步或骑自行车在社区巡逻，为民众指路，有时甚至借钱给人救急。值得称道的是，他们现在仍然如此。但是，总有些角角落落必然是他们无从着手的。饭田亮认为，正是这些地方，尤其是个人或商业财产，越来越频繁地受到侵扰。

饭田亮相信，如果提供一种服务，能让人倍感安全、心境更加平和，肯定有很多企业需要。所以，饭田亮在29岁那年不顾众人的反对，创立了日本警备保障株式会社，即西科姆有限公司的前身。

事实证明，饭田亮是有远见的。日本发展为世界第二大富有的国家，随之而来的就是国内市场的自由化、市场行为脱离规范、移民政策更加宽松。除了已有的犯罪形式，社会上又出现了新型的犯罪现象，频率高发，程度加重。这样，对安全防卫措施的商业需求急剧上升。

西科姆成为最大的个人安全保障系统供应商，它不仅服务于大的公司客户，也服务于家庭。整个日本，大大小小的竞争对手现在大约有一万家，而西科姆一家企业就横扫了60%的市场份额。

警惕波谲云诡的市场形势

饭田亮的风险投资源自于对日本国家声誉的疑惑：日本是世界上最安全的国家，这要么是个神话，要么就只是一个风吹即散的幻象。于是，他将这个远见卓识付诸实施，发展为一个新型产业，这个产业经证明，善于发掘隐性需求，从而赢得消费者的接受。但他不是异想天开、虎头蛇尾。饭田亮可能出自强烈的本能，先提出一个行业运作假想，然后，在最终形成决定之前经过广泛细致的研究，予以论证。即便如此，他还是遭遇到强大的阻力。

饭田亮永远保持着企业家的活力，其秘密就在于，只要认定目标有意义，一往无前、不懈地追求。这正是他的父母教给他的，也让他在工作中受益无穷。他发现，这个时代波谲云诡，而他开创的公司正处于风口浪尖。

西科姆公司一如既往地赶在浪潮的前头，始终在激烈竞争之中勇往直前。其中成因与公司现任总裁原口兼正有关，大家认为他是饭田亮理所当然的继承人，是继承饭田亮经营理念、并将其发扬光大的最佳人选。

自2004年原口就任西科姆总裁以来，公司的业务增长显著，这主要归功于提供全面的安全保障服务。他孜孜不倦地致力于扩大安全保障的市场，虽然个人安全保障还是一个有待开发的市场。饭田亮将公司服务的重点从人工控制的安全保障（保安人员）转换为以信息技术保障体系，原口兼正则致力于强化这些安全保障程式，建立并维持牢固的人力资源，从而保证始终如一地提供一个高水平高质量的安全保障服务。

"我每天都感受到公司开创人饭田亮的强烈影响,"原口说,"那是因为他的信仰体现在西科姆的经营理念上。比如,永远追求你认为是正确的东西,永远不要畏惧新的挑战,这都要求你与过去决裂。这就是为什么在我们公司没有重重顾虑,只有远大抱负,我们勇于面对信息时代瞬息千变万化的挑战,牢牢把握信息时代的种种机遇,与此同时,我们翻开公司历史的辉煌的新篇章。"

原口兼正很清楚维持西科姆积极运转的诀窍:

> 人才为本,技术为用。人才与技术是西科姆应对时局艰难、多变的两大法宝。产品与服务是西科姆人所能提供的一切。这就是我们不信任外包的原因。然而,我们招揽各种高级人才,我们信赖他们,他们能尽职尽责地完成任务,能透彻地理解我们公司的性质、公司的由来、公司奋斗的目标。我们不相信你以人与人的轻松交换职位为模式就可以成功。因为那恰恰让你失去消费者的信任。

1964年东京奥运会期间,西科姆得以为运动员提供安全保障,仅在公司创立两年之后,就获得突破性的发展。西科姆的勃发令世人惊叹,日本公众大多数还不了解这一行业的概念。随着奥运会的召开,私人安全保障意识深入民心,因而,第二年,西科姆被刻画为一个保安人员的形象出现在一部电视连续剧之中,而且,这部片子广受欢迎。那时候,保安人员工作和安全保障企业,人们还不明所以,还以为是个特别的创造呢。

有计划地抑制业务增长

恰恰在企业发展蒸蒸日上,似乎是大鹏展翅恨天低的时候,西科姆创始人饭田亮决定亮出红牌，发出危险信号。他所信赖的继承人原口兼正证实了这一点：

> 饭田亮从来不会安于现状，不会对成功志得意满。他只会不断地质疑自我，思考自己的每一步举措。这就是为什么他要宣布我们需要彻底反思这个行业。他的决定让大家目瞪口呆了。尽管公司已决定变革，饭田亮还是遭到公司内部强烈地抵制。他的基本主张是，我们要改变企业模式，不要过于依赖现场保卫，将经营重点转移到利用电信技术提供安全保障服务。这在内部引起了热烈的讨论：饭田亮的主张究竟意味着什么？西科姆减少现场人员，能向消费者承诺哪个层次上的真正的安全保障。但是，饭田亮明确指出，企业无论有多么成功，你必须永永远远记住一点，时代不会按照你的心愿变化，你必须适应时代的变化，否则就会面临淘汰。

西科姆宣告成立之初，就有数千名员工。饭田亮相信，如果公司沿直线轨迹继续向前发展，不做任何变革，那么公司的生存只能会日益受到威胁，因为市场上不断涌现出经营项目相似的竞争对手。

"事后来看，这是正确的一步。"饭田亮说，"当时，日本一般的电信基础设施充分到位，所以，我们一开始就得安装自己的精密线路。成本很高，优势是别人没这么做。这样，我们就能在研发时间上领先竞争对手许多，而且能够时时提出新理念，保持领先地位。"

这一管理策略变革的背后，蕴含着饭田亮企业管理哲学的基本原则：

> 凭精诚的信念、专心致志的努力而取得某种成就，直面这一成就，准备好及时放弃这一成就，并无不妥，这样做很有意义。否则，真正新颖的东西是不会出现的。

一个人如果没有巨大的勇气，或者不是愚蠢透顶，就不会放弃一个成功的企业模式，因为那是耗费多年的心血才建立起来的。但是饭田亮对于自省的偏好是独一无二的，他再一次质疑企业经营的基本构想。不依赖于实实在在的人力，也就是说不依赖于附近随时候命的保安人员，而使用劳动强度不大的手段，如果不能提供更高水平的安全保障服务，与雇佣保安人员难道不一样吗？当然，应对的策略就是发展电信基础设施。

更加重视开发技术，正是西科姆赖以迈进下一个世纪的必要条件。刑事犯罪的形式也在变化，情况更加复杂、更加普遍。安全保障的技术有必要抢先一步。

比如，西科姆开发录像技术，用以发现并记录非法侵扰行为，哪怕是光线极暗的情况下也能高清晰记录犯罪行为，随后自动传输到某个西科姆监控中心。举个例子来说，作奸犯科之人扮作配送包裹的人进入建筑物中，西科姆为防范这类非法侵扰行为的发生，正在研发一种视频对讲系统，内嵌面孔识别功能。如果没有相匹配的面孔，报警信号就会响起来。

"我们也在研究各种方法，以辨别网络中的可靠信息与不可靠信息。"原口兼正说，"我们必须要继续提高网络安全保障服务的质量，因为这是信息时代出现的新需求、新的现实状况，或者说，我们要先发制人。"

简言之，饭田亮的这步棋走对了；他对未来的解读再次证明他有先见之明。他将公司引入计算机与传感器技术领域，替代人员密集型模式，这就为公司制定出一条发展的道路，后来，信息技术产业也走了这条道路。

适应瞬息万变、日益老龄化的社会

两度重新改造的西科姆现在将业务拓展进另外一个截然不同的领

域——卫生保健。日本是世界上老龄化速度最快的国家。预计，到2015年之前，四人之中就有一人超过65岁。相反，出生率持续下降已有34年。这个国家面临着大量严峻的社会问题和经济挑战，同时，也为西科姆之类的公司提供了重要商机。

西科姆已经与医疗机构合作，利用现存的安全保障系统，向个体消费者提供紧急医疗援助呼叫服务。西科姆也进入到护理领域，比如，卫生保健服务和私人疗养院，在这一领域，很少有服务商满足现有的以及预期的需求。

所有这一切都迅速扩大了安全保障的范围和界定，尽管还都停留在提供"平时心境"的理念王国之中。

"安全保障不仅仅是指保护消费者免受盗窃和抢劫的损失，还要应对任何威胁人的生命和家庭幸福的东西。"原口兼正认为，"我们面对老龄化社会日益增长的需求，我们的职责所在就是要提供综合的安全保障服务，不仅要保护人们免受犯罪的侵害，还要方便他们获得方方面面的安康生活，比如护理和医疗服务。"

西科姆有幸获得一系列自然增长的机遇。事实上，公司对现实生活的种种变化有着高度的敏感性和真正的应变能力，当然，这体现在饭田亮和原口兼正的管理哲学之中。这势必让公司业务取得长足进展。西科姆涉足于卫生保健行业，是一招险棋，因为有可能占用一部分精力，削弱安全保障的核心服务项目，而这些项目自公司创立以来确保了公司持续增长、赢利稳定的趋势。然而，冒险是必然的，变革也是必然的。西科姆崇尚饭田亮的创业精神，甚至尊奉他为安全保障行业的领袖人物，这一偏爱的做法促生一种蕴含勃勃生机的企业远景，西科姆始终处于行业的前沿地位。原口兼正认为，卫生保健在不远的将来就会发展为一个有10亿美元产值的行业。西科姆想在全面维持卫生保健、生命安全、安全保障等方面发挥主导作用，当然，不一定包括从生到死的方方面面，也许要包括生活和工作的方方面面。

"安全保障"总量增长

有人问及，您公司大获成功，是不是因为提前跃入信息技术时代呢？原口兼正的答案是否定的。

可以肯定的是，信息技术让我们实现了令人难以置信的转型。当时，围绕信息技术本身，并没有形成任何特殊的运营战略。我们的思维方式往往是反复质询那个重要问题：现在，就在取得巨大成功的时刻，我们有没有居安思危，使我们能够应对发展道路上下一个大的变革呢？有没有掌握最神奇的技术，有没有闻名于世的人才，没有关系；使用技术、安置人才不得当，没把握好时机，就等于从没有发现人才和技术。这就是为什么一个人或者一个公司，如果不能在时代洪流中搏击风浪，往往会被吞没，不管你生活在哪个时代。

这就是西科姆面临的生死攸关的大问题，要时时思考，以扩大服务范围，提高产品的精良程度，从而满足新的需求。比如，2004年左右，发生了一连串的犯罪事件，轻信的民众，尤其是老人受骗把钱在自动出纳机上存到一个不知名的账户里。情况通常是这样的，有人假装是你的家庭成员，打电话说需要钱；或者谎称是某个账单未付，服务费未缴。疑犯只需要提供一个银行账户，告诉受害人存钱到该户头，然后，钱就被取走了。疑犯常常是在自动取款机旁边用电话引导受害人的。西科姆受邀在全国加强安全保障和安全防范系统，以反击此类自动取款机的诈骗行为。

业务遍及12个国家

西科姆的海外业务怎么样呢？国家和地区之间，社会与国民状况各不相同，然而，精良的技术和系统肯定能行销世界。

西科姆在海外业务拓展方面实行协调一致的战略，已然在12个国家开展业务，包括澳大利亚和英国，在韩国、中国、泰国、新加坡以及中国台北等亚洲国家和地区的势头尤为强劲。

1978年，西科姆在台湾建立第一个联机安全保障系统，借助的是一个技术与管理的联络处，最终创立了台湾西科姆公司。与西科姆在日本创立初期的情况相似，台湾西科姆成立的动力很小。只有少数几个公司看到人们购买安全的需要，不过，对购买安全这个概念仍知之甚少。所以，像在日本一样，西科姆的销售人员每次只针对一家公司，向它们介绍安全保障服务的价值，慢慢建立起一个客户群。最终，西科姆安全保障系统打入台湾市场，获得了理解，从而增加了业务合同量，后来在1993年股票上市，为台湾安全保障产业的蓬勃发展铺平了道路。此后，业务合同量不断上升，时至今日，西科姆向超过10万家客户提供安全保障产品和服务。

目前台湾西科姆有80家分部，2,300名员工，自创立以来，一直居于私人安全保障产业首屈一指的市场份额，是一家蓝筹股公司。

1981年，与三星集团在韩国成立一家合资公司，后更名为S1公司。这个公司又是韩国第一家提供私人联机安全保障系统的服务商。

自1970年代以来，韩国就是一个经济高速增长的驱动力，但是，要完全接受私人安全保障的理念，还需要时间。像1964年举办东京奥运会的情况一样，1986年、1988年韩国分别举办亚运会和汉城夏季奥运会，随之也取得大的突破。韩国以这两次运动会为平台，向世界表明，它已加入到世界先进经济强国的行列。随着新的全球化企业和金融机构的大量出现，对西科姆和S1的安全保障服务需求越来越大，同时，也认可了西科姆已是这一领域高品质的提供商。1996年，S1上市韩国的股票交易市场，也开始向家庭提供安全保障系统。

S1在韩国的联机安保系统市场中一直占有近60%的份额。西科姆的标签随处可见，西科姆这一名称几乎已经成为"安全保障系统"

的同义词。就连竞争对手向潜在客户提供服务时也会说,"您愿意安装西科姆系统吗?" S1 拥有 36 万家用户,在韩国的 2,000 家私人安全保障公司当中,居于首位,是西科姆集团重要的分支机构。

在大多数公司的全球化战略中,中国是最具吸引力的海外市场。西科姆 1992 年进驻北京,并成立西科姆(中国)有限公司。第二年,与大连的一家公司组建合资企业,首度向法人客户提供在线安保系统。

后来,在北京、青岛、上海和深圳设立公司,以当地企业和日本企业为服务对象。每个企业在周边地区分别设立分公司,或者成立其他公司,从而拓展了市场。下一步,就是在重要的内陆城市建立并扩大用户群。

西科姆在海外市场获得了极高的赞誉,业务合同量也在快速增长。原口兼正说,这一成功主要是因为信守入乡随俗的理念:

> 因为我们要在亚洲地区努力提高西科姆的品牌知名度,拓展业务,我们就必须与当地人合作,培训当地员工,因为他们更加了解国内市场。否则,我们就无法成功。发生在当地员工身上的问题往往是因为文化差异和人生观的不同。仅仅注意到这一点,还远远不够。我们需要培养训练有素、有才能的员工。只有这样,我们才能有望提供高品质的安保服务。

西科姆也顺利地进入到泰国、新加坡、印度尼西亚、越南和澳大利亚的市场。尽管已经拥有超过 55 万份海外业务合同,比之日本的 1200 万份,还有很大的发展空间。在绝对安全和心境平和的情况下提高生活质量,建立这样一个社会是全世界人民都想要的东西。原口兼正说,让愿望成真,是西科姆的使命:

我们想让人们购买我们的产品，不仅仅是因为安全比事后惋惜更可贵。不，我们想让他们购买我们的产品感到完全满意，是因为他们获得一定水平的实在帮助、安全保障与平和心境，远远超出仅用报警器来防范犯罪或者灾难的水准。优秀的服务行业必须也要提供许许多多无形的东西；提供一些专门技术和知识，以及创造技能，以彻底满足人们的需求和愿望，还要满足他们想成为社区的高大人物或能人的诉求。

从韩国到印度，西科姆积极促进新建分公司之间的交流和技术交流。原口兼正相信，在亚洲拓展业务的这一积极的办法，未来肯定能带巨大的回报。

西科姆可能在那些国家已经开创了安全保障产业，也占据了最高市场份额，但是，海外利润总额还只有国内收益的4%。这就是为什么原口兼正坚持公司必须投入更大的精力和资源，开拓海外市场的一个原因。但必须要小心行事。西科姆不是一夜之间就赢得了庞大的消费群体，而是克服重重艰难的障碍，逐步扩大营业额的。他想以大体相同的方式赚取国外市场份额。

商业观察家有一个共同的认识，就是日本的服务行业公司不是非常适应海外业务的。制造业恰恰相反。然而，这个观点忽略了一个事实，西科姆已经在日本本土以外的12个国家成为领先的安全保障服务公司。前文已经说过，首要的原因就在于，西科姆在那些国家不是以日本公司的面目出现的。它与当地公司联手开发业务，这样一来，西科姆就被视为当地的服务商。

在日本，每个地区都有自己的文化和思维方式。这一点在进入国外市场之前，就非常明确了。因为面向日本市场的产品和服务项目，要想转移到其他国家，而不考虑适应当地的实际情况，这不仅仅举步艰难、浪费时间，而且必然会一败涂地。这就是为什么我们要和了解当地社会状况的当地公司合作的原因。我们可以提供系统和技术，这是我们已经研发成型、行之有效的，而他们需要决定如何善加利用。

在全球经济衰退的情况下，西科姆依然不断刷新销售额度和赢利的记录。人们可能说，西科姆蓬勃发展，是因为这个时代让人饱受折磨，人们更加清楚安全面临着实实在在的威胁。

尽管经济上的恐慌依然存在，西科姆还是看到了海外和卫生保健领域存在的巨大发展空间。最明显的增长潜力存在于家庭安全保障市场。家庭安全保障占西科姆安全保障服务合同的不到40%，但是，市场需求是法人合同增长速度的两倍，尤其在大都市地区。偏远的乡村还有待于大力开发。

结语：世界不断变化，需要安全保障

世界经济变化万端，但是，由于西科姆的企业模式以长期的消费订购为主，一直维持着一个坚实稳定的收益基数。一旦配套设施齐备、一切安定下来之后，一个企业或合营企业要实现全面的变革，难度大，成本高，但对于西科姆而言，要提供严格意义上的后续跟进服务，就没有必要实施变革了。西科姆缔造者饭田亮，是一位活跃在幕后的顾问，他可以确保这家依然相当年轻的企业保持那种充满活力、密切关注市场的创业精神，同时也培养了一种企业文化，即，积极把握新的发展机遇。

"我们的消费者已经把安全的钥匙交给我们保管了。"饭田亮说，"因此，我们的责任就是不辜负他们的信任，通过改进我们的服务和附加值，坚持不懈地提高他们的安全保障，完善他们的平和心境。"

饭田亮的企业运营模式最初是与法人签订安全保障协议。他力争从企业客户赢得高度的信任，做他们的"看门狗"，看护他们的财产。"安全保障"逐渐被当成一种自然合理的开支，因此，西科姆胜券在握，获得了稳定的收益来源。家庭安全保障的需求日益增长，因为夫妻双方都有工作，白天大部分时间家中空无一人，饭田亮发现了住宅安全保障这一新的市场需求，就为住宅和公寓开发一个业务模式。这个市场需求进一步扩大了，这是因为随着日本高速的人口老龄化，越来越多的老年人独自生活，必然依赖于各种各样的保洁、护理和送货服务，所有这一切都需要更加完善、充分的住宅安保援助。

西科姆成立之初，就具有远见卓识，其创立的前提就是在可以预见的将来，市场需要有可以购买的"安全"，现在已成为能够持续增长、并随时代变迁而发展壮大的一个公司。我们见证了西科姆的安保措施从以员工为基础转变为以机械为基础，从法人客户拓展到个人客户。现在，西科姆正探索道路，在亚洲以及其他国外市场谋求发展。

长期以来，原口兼正总裁在饭田亮办公室的角落里特别保留了一张办公桌。只要饭田亮有了新的想法，原口兼正马上写到纸上，草拟一个快速的可行性计划，转发到相关部门，征求切合实际的回馈意见。原口说，通过这种经历，他逐渐理解了饭田亮的经营理念，几乎能够猜出这位公司的开创者下一步想到了什么。重要的是，他学会了发展企业的基本原则。如果说，饭田亮是西科姆创业精神的源泉，也许原口兼正就是行走在前列的贯彻者。

饭田亮出生于商界世家，就其秉性而言，又是一个哲学家。相比之下，原口兼正的背景更具技术色彩。他的专业是电子学与通信工程学，拥有一个更加数字化的思维方式。他能够为饭田亮的观点增加技术层面的注脚，充实理念上的蓝图。

纯属偶然的是，原口兼正入职西科姆时，正值饭田亮将企业的重点由静态的岗哨安全保障向技术安全保障服务转型。安保产业即将进入大型的计算机控制系统的时代，这就使原口兼正作为一名精通技术的经理在公司体现出了更大的价值。

总之，饭田亮与西科姆共同创办人户田寿一在正确的时间放弃日常管理工作，托付给正确的人选。强健的赢利机制已然成形，饭田亮从一线退下来。他已经完成了建立企业文化应该具备的条件，他深信，这种企业文化的创业精神尤为重要，可用以不断发现新的商机。

原口总裁现在致力于深化并扩大饭田亮所倡导的自动化安全保障服务，开辟新的市场，同时，始终坚持公司开创者留传下来的成功模式。他必须要让业务模式适应市场的需求，适应时代的要求，并使这一模式得以普及，西科姆开展医疗应急救援业务就是一个案例。

2009 年，西科姆连续第 37 年实现销售额和营业利润的增长，所有部门都呈现出积极的平衡发展态势，到 2009 年 3 月结束的财政年度为止，创下销售额和营业利润的记录。

长期以来，协调稳定的管理已经成为日本企业的一个鲜明标志。近年来，西科姆逐渐成为日本企业管理的一个活生生的例子。与日本的情况一样，在其他亚洲地区，随着经济的发展，安全与安全保障的观念也引发了新的市场价值，没有理由怀疑西科姆在带给世人平和心境这方面会发挥更大的作用。

饭田亮与原口兼正的主要管理理念
- 要尝试新东西，必须要放弃旧东西。
- 要永远质疑企业成功的现状。这有助于你应对未来的变化和危机。
- 不能与时俱进的人和组织会永远落后。

西科姆株式会社

创建日期：1962 年 7 月 7 日

原口兼正：董事会常务副主席

饭田亮：创立者，执行顾问

总部：东京市涉谷区神宫前 1－5－1

http://www.secom.co.jp/english/

资产：66,300 百万日元（财年截至 2009 年 3 月 31 日）

销售总额：678,400 百万日元

营业利润总额：87,634 百万日元

净利润总额：21,502 百万日元

员工人数：34,078 人

2

正确的服务定位　良好的销售状况

铃木敏文
董事会主席、首席执行官
柒和伊控股有限公司

1932年12月，生于日本长野县。1956年毕业于中央大学经济学院，入职于出版发行业的大公司——东京出版贩卖株式会社（即现在的东贩株式会社），工作六年之后，于1962年加入超市连锁店——伊藤洋华堂公司。1973年，铃木敏文创立伊藤洋华堂子公司——日本7-11便利连锁店，自1978年以来，所担任的职务一直是总裁和总公司的代表董事。另外，还担任过各种其他职务，其中包括自1992年以来所担任的伊藤洋华堂总裁一职。自2005年以来，担任柒和伊控股有限公司董事会主席、首席执行官，负责引进POS（销售终端）的库存监控系统，部署在整个7-11和伊藤洋华堂连锁店。铃木以消费者需求为基础，革新了采购与销售的方法，协助建立了世界上最大、最成功的特许连锁便利店。

把免费的东西变成适销对路的产品

"7-11最棒!"

一位青年大学生如是说。附近新开了一家7-11便利店,他和伙伴刚刚从里面出来,一路上眉飞色舞。他们都拿着一片面包,那是开业第一天,免费送给顾客的。

一位博主发帖记录东京社区里的见闻,他兴高采烈地写道,"终于,我们社区也有了一家7-11便利店!"

不管附近有没有其他便利店,反正用不了10分钟就会走到另外一家7-11店,关键是几乎大家都愿意去7-11。在日本不分城市还是乡村,便利店之间大多相隔只有几米远。

到2008年年底,全日本大约有4万家便利店,其中1.2万家(占30%)是7-11。便利连锁店四强的店面总数约占市场的80%,而7-11的店面总数是排名第二的竞争对手的近两倍。

7-11登陆日本之后,就在快速发展的零售行业成为极速增长的领军企业。所以,铃木敏文带领这家公司发展到雄视全国的高度,同时使之发展为全国最大的零售企业集团——柒和伊控股有限公司,就没什么稀奇的了。

7-11便利店在日本始于1973年,第一家店址选在丰洲街,建立在垃圾填埋厂上,那一带是东京市江东区繁忙的工业街区。那个便利店店面很小,开业时相当冷清。第二年,福岛县郡山市的虎丸店开始24小时营业,仅用了一年的时间,日本7-11名下增加了100家连锁店,已经发展成为拥有5,500名员工的庞大经营团队,年销售额2.7万亿日元。

这一成功多应归功于铃木敏文的商业奇能、睿智的头脑和远大的视野。他换过很多次工作,30岁才踏入零售行业。

铃木最早从事的是出版业,供职于日本最大的书商和发行商——

东京出版贩卖株式会社（现更名为东贩株式会社）。但他的梦想是做记者。铃木得到一家大型出版公司的非正式接受函，觉得一从中央大学毕业，就可以实现自己的职业理想，只是毕业时才发现接受函取消了，让他大吃一惊。

"这简直不合道理，"铃木争辩过，但也只好再换一种方法。他想寻求一种间接的方式进入出版业。如果出版公司不想录用他，也许，可以向大型的图书发行企业求职，因为出版商想卖书，基本上都得对发行商卑躬屈膝。就这样，他在日本最大的图书发行商东京出版贩卖株式会社，简单地说，就是现在的东贩株式会社，谋得一个职位。

铃木在东贩没有多少机会可以培养做记者的技能，但他偶然注意到公司向各家书店免费派发的内部简讯周报。这份周报只不过是发布最新出版的书目，铃木决定要使之有可读性，便把自己写的文章附在发行周报里。不久，周报内容的价值就使之摆脱了免费阅读的状态。

铃木开始邀请作家撰稿，同时自己依然写稿。他改造了周报的版面设计和封面，发行量在他指导下由区区5千册上升至13万册。铃木注意到的一件事情就是，"免费"常常给消费者没用、没价值的感觉。但是价签附在东西上的那一刻起，人们就渴望得到它，尤其是价格一再上升时。

不久，公司内外就知道了铃木的名字，也了解到他倾注精力的项目获得成功。他既得以满足了创作的欲望，也获得了企业家的声望。不过，几年后的任命才是他命中注定要得的职业。

始于满足消费需求

1970年代初期，一家小小的零售商店竟然发动了一场改变消费者购买习惯的革命，重塑了日本的零售业和发行业，谁想得到呢？这是有适当诱因的。日本员工完全适应了加班至深夜，或者在办公室放松一下，耗到凌晨；接受商店24小时营业的时机成熟了。不久，7－11连锁店开遍全国各地。任何一家连锁店都没有徘徊犹豫，一直都在大踏步向前，远远地把竞争对手甩到后面，这就是连锁店更加吸引人的原因。

7－11连锁店，实际上是日本大型连锁超市伊藤洋华堂的子公司，现在二者同为柒和伊控股有限公司的子公司。有一个时期，产业分析师称之为"日本销售业的复兴时代"，这是由于两个零售业巨头为争夺市场份额和零售业霸主的地位一决高下造成的，一个是大荣集团，其创办人是中内功，魅力超凡；另一个是伊藤洋华堂，其创办人是伊藤雅俊，同样也是魅力无限。自1957年开业以来，商品降价是大荣集团的一贯做法；有个说法曾一度流传，中内功的公司除女人和鸦片之外，什么都卖。中内功从民众需求出发，建成一个货品储藏量大、价格低的大型零售公司，直接对抗地方商会。这些组织存在于各个社区，联合制定价格、营业时间。

每当伊藤洋华堂（和大荣）考虑在某个社区设立分销点，通常情况下，地方商会就会百般阻挠，至少会强硬地提出某种共存协议，这样对双方都有利。

而伊藤洋华堂想实现一个"领域主导地位战略"业务拓展计划，以积极的面貌出现在各个社区内，这可以说是业务模式成功的关键。

"我们绞尽脑汁找出一条通向快乐共存的途径，"铃木回忆起掌管伊藤洋华堂的情形，说："这关系到老百姓的生活状况，我们都非常认真审慎地对待。当时，我了解到美国7－11便利商店的情况。到了这个时候，我们迫切需要一个解决方案，于是，我决定去那里做个调研。"

但是，一到美国，铃木大吃一惊：

行前收到的信息是，这是一个非常有信誉的公司，大约有4,000家连锁店，已深得消费者信赖。我很想了解他们都做了些什么。说实话，所见所闻留下的印象不深，与所设想的情况大相径庭。

铃木发现商店的环境冷清，可供选择的商品也不多。铃木在里面根本没有买东西的想法，就有些怀疑这种做法在日本是否能成功。同事也有同感。

回国后，铃木很难相信这种商业运营模式会带来有价值的东西，然而，还是按照原计划参加了一个便利店管理培训项目。到第三天，铃木就提了一个想法：

> 便利店在美国市场上数量众多，可能已经饱和，但我们要在日本采用这个模式，必须要适应日本的国情。

铃木一方面继续详详细细地分析美国的社会状况，以及便利店的作用；另一方面开始思索，如果把这种模式用在日本，应该如何改进。他首先关注的是食品领域。美国7–11便利店里的冷冻三明治可能会接受，甚至会大受欢迎，但铃木不喜欢：

> 一看到冷冻的汉堡，就觉得没什么食欲。没人愿意花钱买不好吃的东西。美国7–11的运营理念，说实在的，不符合日本消费者的预期，所以，对我没吸引力。

铃木和公司管理阶层学来的是运营连锁便利店的基本构架，涉及到实际销售的产品和服务项目，他们需要遵从自己的理念和人口构成调查的结果。详细完备的市场调查成为铃木商业运营独特风格的关键因素。

民众与地域的情况千差万别，要严格谨慎地对待，这样，铃木的创业计划就会获得巨大成就。日本7–11的实力在很大程度上可以归功于资产收益率高,同样也可以归功于增长速度高。其运营战略,从来都没有依据革命性的商业概念拔苗助长,以发挥最大的潜能,而是创造有价值的新优势,在消费者的生活中谋求有益的新定位。

出于这个原因,铃木抢先把销售网点系统地引入到所有7-11连锁店中,以便跟踪销售与库存状况。这样,就可以准确而实时地了解到全国范围内的消费特点;他恰恰就是把这一点当作便利店经营理念成功移植到日本的关键。

美国与日本在销售系统上的真正差别,就在于怎样计算消费者流量的问题上。你的商业经营模式以消费者的多少为基础,还是以购物者的多少为基础呢?铃木利用销售网点系统,选择了后者。

先谦逊学习,再大力创新

前文提到过,铃木敏文1962年入职伊藤洋华堂之后不久,就引起伊藤雅俊的注意。铃木敏文工作热情高,精力充沛。供职伊藤洋华堂九年后,他被选派到美国,为开创连锁便利店,学习管理经验。他知道,必须要认真研究所学到的东西。但是,不能重复那种管理方法,真正需要做的,只是学习其中的经验教训。

这样,他时而与同行的同事争论:

"你所想的与我们所学的完全是背道而驰!"他们指责我。但我不怪他们。我的意思是,我们特意来这里学习的,肯定是全球商业资本运营中最好的知识,而我似乎有意拒不接受。这样一来,质问为什么来到美国而又怀疑美国之行的必要性,在他们看来是自然而然的事。

铃木不想照搬外国企业的运营经验,还有一个非常重要的原因,那是他的信条。便利店可以描述为"提供便利的商店",日本人往往把它当成是超市或社区商店的微缩版；碰巧也是24小时营业。

便利店可能比超市小、货物种类少，但是，铃木相信，消费者进便利店的原因一般与进超市购物的原因相同，也应该一样：购买日常生活必需品，食物和消费品，比如电池或厕纸。铃木在美国见到的7-11连锁店，必需品严重匮乏，那些东西正是日本顾客想买的。"如果你满足不了消费者的需求，"他说，"首先，将这一企业引进到日本，理由就站不住脚。"

因此，铃木反复强调的原则就是："不要单纯地模仿，"下一条原则是，质疑一切，把革新的任务变成一个日常的、尝试并改正错误的过程。

铃木对7-11连锁店加以必要的变革，这个做法非常精明。货架上陈列的商品反映出日本消费者的品味，尤其是冷藏货架上摆放的那些饭团、午餐便当，还有做好的饭菜，配料新鲜，绝无冷冻品。不分白天、夜晚，任何时候都能买到那些东西，这就是7-11连锁店不同于超市的地方，这就是服务意识和升华了的品牌意识。铃木创造的是真正"便利的"东西，广受日本消费者欢迎的东西。

让人哭笑不得的是，几年以后，在1991年，正是铃木把美国南方公司（现称7-11公司）纳入麾下：成为伊藤洋华堂与日本7-11连锁店的子公司。铃木正是从这家美国公司学到的管理知识，得到训练，着手架构未来的企业。这是学生超过老师的著名案例。当时，南方公司陷入严重的财政困境，正面临一场经营管理的危机。最终，南方公司被收购，其业务得到改造，三年内实现了赢利。美国的7-11再次蓬勃发展，成为全球范围内最大的连锁店。也许恰恰是这些成就让铃木敏文全球闻名，成为一个世界级的商界领袖。

不要让成功阻碍发展

铃木敏文常常告诫员工，沉溺于过去的成功，就会变成过去的囚

徒,这很危险,同时,赞美敢于不断尝试新事物的精神,这是未来企业增长的关键:

> 美国的 7-11 陷入困境,那是因为发展到一个阶段后,不再质疑企业的经营模式,一味依赖过去的成功先例。但,你必须要不断地问自己,你做的是对还是错?你走向未来的路对吗?

当然,从以往的成功之中还有很多经验教训,可供借鉴。前人的智慧多存留于他们的座右铭和言论之中,至今依然有价值,常常给人以真知灼见,给人以勇气和启示。

但多数格言警句没有刻在石头上。其内容不是绝对的,只不过是对成功和失败的经验总结。必须明白那些话中的智慧和价值,但要考虑目前的情况和实际环境下的关联性和意义。否则,一切都无法实现。铃木提醒员工,要密切关注周围的人,关注生活和工作的环境;要深入研究,要弄清需要做什么,要达到什么目的。首当其冲,要想获得成功,必须要发现那些地方有什么特殊需求。缘木求鱼,毫无意义。

学会读解"变化"

"单品管理"是铃木敏文创造的术语。本质上,这个词的意思是指卖东西要逐件卖,逐件了解"卖光"的是什么,以提高采购量的精确度。铃木积极引进销售终端系统,这样,在销售的那一刻,马上就能看到从收银台现金出纳机上直接传来的数据,并存入到数据库中:确定购买行为和走势的过程中,这些信息起着非常关键的作用。

铃木经营理念的核心就是,力争达到一个销售的理想状态,即,顾客需要什么想买什么,当时就能提供什么,而不是设法影响顾客的购买意图。这已被形容为"好客之法",换句话说,对待顾客就像对待家里的客人或旅店的客人一样。日本人千百年来就是一个好客的民族,率性而为反而破坏好客的形象。要保证顾客在你的商店里有宾至如归的感觉,就得事先知道他们的兴趣、口味和嗜好,时刻准备为他们兑现。要知道顾客喜欢什么,就提供什么,是确保出色的服务和回头客的唯一途径。

铃木认为,将当下的管理方法与传统因素相结合,即结合具有日本特色的热情好客的风格,就可以建成世界上最大的连锁便利店。

结语:顾客的信赖源于商家对自我的正确认识

柒和伊控股有限公司是一家常规零售企业,2008 财年创下最高营业额的记录,6 万亿日元,而这一年对日本零售行业来说,是困难重重的一年。取得这一成就的核心经营理念是由名誉主席伊藤雅俊创造、传播的。伊藤雅俊所谓的"商人的方式"就是一个立场,强调要把握高度的原则性以及远见卓识,然而生活要脚踏实地、真诚坦率。

也就是说,商家要在客户心目中建立起可信度和可靠度,要有谦卑的态度,即,"公司有不足之处",顾客永远是对的。要选择最优秀的人来贯彻这些理念,就能顺利渡过"千变万化的激流",保证公司一代代繁荣下去。

伊藤雅俊生于 1924 年,5 岁时就经历了经济大萧条时期的痛苦折磨,他记得,杂货店里卖一箱鸡蛋挣的钱几乎都不能挣回箱子的成本费:

> 我们开过一家中小型的商店,只要减少一位客人就意味着有一个员工我们开不出薪水。所以,得到员工的赞扬,比看到公司壮大起来,往往更让我们高兴。信任度,是在每位

顾客、每位售货员身上日渐积累起来的。一旦失去感恩之心，企业也就完了。谦卑最重要。

伊藤雅俊一直坚持不懈，要把伊藤洋华堂及附属公司建为最大的零售连锁超市，在这个过程中，他也成为世界级的富豪。他一直怀着谦卑之心和感激之情面对大家对公司的成功所做的一切，而他心怀此念才得以选拔人才，鼓励人才。

伊藤雅俊早年间考察培养的人当中，就有铃木敏文，他们相互熟识之后，就把铃木敏文引进公司了。铃木当时已经30岁，就职于一个截然不同的行业，然而，伊藤马上就感觉到铃木的巨大潜力，就起用了他。那是在1962年。短短八年间，铃木在伊藤洋华堂就跃升到行政管理的职位上。铃木入职之初，还是局外人，对零售行业的观点也就比较客观，他乐于寻求新的途径，以解决中小规模的零售店生产效率和工作效率低下的问题。

随之，铃木抓住机遇，1973年白手起家在日本建立7-11公司（当时叫约克七株式会社）。创造一个企业模式，有重重障碍，但是，他不想失掉这次机会。从第一天开始，他就想重塑7-11的运营模式，让它扎根于日本的土壤，最终围绕"便利商店"的理念，创造了一个全新的、独立的企业文化。

"模仿别人，成不了第一。"铃木常说。"要时刻准备挑战因循守旧的想法。"

这种做法使企业信誉得到扎实稳定的增长，这正是伊藤雅俊经营理念的核心，而且是日本社会举足轻重的一个价值观。对一个全新的市场领域而言，信誉就要建立在自己的优势上：

> 如果不再想寻求新的挑战，就会陷入"销量之争"，就会一败涂地。企业增长取决于以顾客的视角为出发点不断改革、创新，要始终有危机感，不肯落后于时代变化的步伐。

铃木的商业智慧主要体现在服装、日用百货超市连锁店的经营上，他管理伊藤洋华堂，借以创建日本的7-11。1970年代日本经济蓬勃发展，国民消费性开支很大。伊藤洋华堂扩大经营范围，涉及饭店行业，在1973年，把丹尼私家连锁饭店引入日本。日本丹尼家株式会社不断发展，开设了500多家连锁店，成为柒和伊控股重要的子公司。

第一家7-11便利店开业之后，伊藤洋华堂集团才真正驶入快速增长的轨道。铃木主导的项目堪堪要颠覆日本销售行业，特许经营业务以每年100家分店的速度发展壮大起来。

这种发展状况，振奋人心，其核心就是铃木的一个坚定信念，也就是必须以"买家"的立场思考市场，而不能站在"卖方"的立场。任何新的努力，无论有没有突破性，最终必须要满足顾客的需求。一旦做到这一点，就更容易放弃固有的思想和做法，虽说以往的做法取得了成功，但可能对未来影响不大。另外，铃木警告人们，不要效仿别人的做法：

> 在这个日新月异的世界里，必须保持一种紧迫感，无论任何时候，都要提出新思路，打破过去的桎梏，增长业务。否则，你肯定会被抛在后面。

危机感或者说紧迫感流淌在铃木的柒和伊控股的血液中。一切都在前进之中。其中蕴含的信念是：时时有进步，处处有成功，日积月累，最终会形成公司的竞争能力。

日本有一个悠久的待客传统，要付钱的客户永远是对的，尊重顾客、谦恭有度的表现方式通常是这样的，向顾客低头鞠躬，不要直视，这是赢得客户信任的方式。但是，铃木随时满足消费者的具体需求，以取得他们更大的信任，这才是他与传统不同之处。平等对待所有消费者，消费者永远正确，这个做法用以赢得他们信任并不太奏效，倒不如满足他们"个体的"需求。

比如，7-11便利连锁店准备好为人们随时提供各种各样的产品和服务，不分白天黑夜，只要人们有所需求，像24小时自动柜员机服务、邮政服务，以及交通和娱乐的票务服务。事实上，自动柜员机是收取服务费的，银行业务现在已经成为柒和伊控股第二大赢利的业务，仅次于连锁便利店业务。虽说其他连锁便利店也纷纷效仿，显然，7-11吸引顾客的能力更强，因为哪怕是最微不足道的需求，7-11也能察觉、也能满足。柒和伊集团不是把自己的自动柜员机设定为现有银行的卫星式服务设施，而是在2001年5月全面介入银行业，建立IY银行（即伊藤洋华堂银行），提供收费更低、服务时间更长的银行服务，而且，还提供为数众多的自动柜员机，这是一个庞大的网络体系，各家银行都相形见绌。满足不断变化的客户需求，兑现了这个层次的服务承诺，使得顾客在7-11的人均消费额度高出其他连锁店很多；这就实现了铃木的目标，即打造一款客户高度信任的产品。

这种信任培养了品牌忠诚度，也提高了品牌价值。铃木在推出新产品或服务之前，首先要考虑，该产品或服务能否满足重大的市场需求，进而加强顾客对品牌的忠诚度。然后，评估新服务或新产品的预期收益和预测的客户满意度，平衡协调两个评估结果。只重视一个方面，不会有成效的。

日本零售业中，7-11创先引进并积极使用POS系统收款机，这个系统支持后台管理和调配货物，能准确掌握何种产品在何时何地销售。

这被称作"单品管理"，也有人称之为"客户管理"，它提供实时信息，从而可以了解顾客的购买方式和行为。

日本的消费者可能是世界上最挑剔的了。他们关注细节，对服务和产品质量极其敏感。哪怕是发现最微小的瑕疵，他们也不会购买，那么，供应商就会迅速销毁或打折处理，那些东西在别处可能会销售得不错。但是，产品种类不断增加，消费者就有了更多的选择，零售业的竞争就更加激烈，只有 7－11 便利店才能招徕那么多的顾客。这就是品牌实力和顾客信任之所以举足轻重的原因之所在。

全球正遭受经济衰退，而柒和伊控股的销售额和利润额创下了纪录。柒和伊控股是世界排名第 15 的最大零售商，旗下运营的便利店、超市、大型超市、百货公司、餐馆和其他企业，共有 35,000 家，触角遍及全球，目前正在推进的一个举措是将中国纳入其主导的区域战略框架之内。但是，这可不是一个良好的自控行驶系统。如果你密切关注其幕后的内部运作，就会看到这个公司在持之以恒地监控，不断调整和创新业务，每天都在努力争取顾客的信任。

在某种程度上，7－11 有幸从事了这样一个行业，它与消费者日常接触非常密切——几乎离每个消费者都只有几步之遥。恰恰就像本章标题所说的那样：销售好产品需要的只是一个好的定位。但是，说起来容易。开便利店可不是一件十拿九稳的事。便利店很容易就倒闭了。因此，成功的秘诀在于如何界定"好定位"。对铃木敏文来说，好的定位就是以日常工作为基础赢得顾客的信任，愿意倾听顾客并适应顾客，从而维持这种信任感。

铃木敏文的管理理念：
- 永远不要躺在荣誉上，也不要躺在过去成功的经验上。
- 模仿别人，成不了第一。
- 要始终保持危机感，把面前的障碍一个个排除。

柒和伊控股有限公司

创立日期：2005 年 9 月 1 日

铃木敏文：董事会主席、首席执行官

总部：东京市千代田区二番町 8－8

　　　http：//www.7andi.com/en/

资产：500 亿日元（财年截至 2009 年 2 月）

销售总额：56499.48 亿日元

营业利润总额：2818.65 亿日元

净利润总额：923.36 亿日元

员工：141,831 人

3
以消费者为导向　克服一切阻碍

前田新造
董事长、首席执行官
资生堂株式会社

1947年2月生于大阪。1970年，毕业于庆应义塾大学文学部，获社会学学士学位，同年，入职资生堂。历任化妆品战略规划部、化妆品市场开发部总经理、亚太地区总部、国际业务部总经理。2005年6月，任董事长、首席执行官。

创业之初，生产生发剂和牙膏

　　1872 年，资生堂的创始人福原有信开办资生堂药局，地点设在东京的时尚街区银座，日本第一家西式的药店诞生了。福原有信做过日本海军的主任药剂师，是个讲究科学的人。他对日本的药业深为不满，创办资生堂的目的就是将医、药分开。

　　资生堂这一名称来自于中国古典著作《易经》的一段，"至哉坤元，万物资生"，赞颂大地的美德，是她哺育了新生命，彰显意义深远的价值观。资生堂的商标是日本的一种叫作"花椿"的山茶花。福原有信的三子福原信三是一位卓有成就的摄影师，从东方传统中汲取了大量的符号灵感。但其经营风格显然是西式的。

　　制作、营销和销售的是高档药用产品，质优价高，资生堂的目标就是建立信誉，赢得消费者的信任。比如，资生堂在 1888 年生产了日本第一筒牙膏，它比原先刷牙用的盐和牙粉更细滑，更能保护牙齿。普通牙粉只是有一点点香味，掩饰不住低劣的质量，而福原健齿牙膏配方科学，能溶解牙垢，清除异味。这样一来，福原健齿牙膏不仅仅价格是牙粉的很多倍，成为身份地位的象征，而且还是科学进步的代表。这种牙膏一炮打响，为资生堂成为一个具有高度文化声望的高档品牌奠定了基调，资生堂这个名字写进了夏目漱石创作于那个时代的经典小说《门》（1910 年），就是个证据：

　　　　小六回想起同住一座公寓的那位法律专业大学生。这个学生出外散步都要经过资生堂，花五元钱买回三块一盒的肥皂和三支一盒的牙膏，出手真是阔绰。不管有什么理由，小六觉得也不该陷入这样的困境。

　　《门》提到的资生堂牙膏一支两毛五，而其他牙膏在市面上只卖两到三分钱。说得更清楚点吧，那个时代的两毛五可以坐火车走 12 英里，而那种恶劣的路况徒步要走半天呢。这一令人艳羡不已的国内品牌形象为资生堂进入化妆品行业做好了准备。

资生堂已经在制药业取得巨大的成功，进入化妆品行业要以同样的原则为基础：保证高质量，要有创新精神，要有一丝不苟的可靠性。1897 年，资生堂推出一款宝石红色的美颜护肤化妆水，取了一个希腊文名字叫 Eudermine（俗称"神仙水"，也叫"红色蜜露"，字面意思是"优美的肌肤"），仅那个样式新颖、外观漂亮的瓶子就值一瓶高档香水或酒的钱。一百多年之后，资生堂发展为日本首屈一指的化妆品牌，同样，红色蜜露依然是当今最受欢迎的产品。

创业初期，福原有信寻求令人注目的方式来发展壮大自己的企业，1900 年，他动身赴欧美考察。美国化妆品店里的见闻令他兴奋不已，让他获得了发展企业的新灵感。到了 1902 年，福原有信参照在美国见到的方式采用机械生产，推出日本最早的冷饮机。

以前没人见过那东西。自从使用冷饮机之后，资生堂药局门前排起长长的购买茶点冷饮的队伍，后来这就发展为资生堂今天的高档餐饮连锁业务。说起来，汽水和冰淇淋的普及要归功于资生堂。

资生堂自创立起所表现出的精神，就是制售日常生活需要的基本产品，尽管是奢侈品的代名词，还是要努力通过一丝不苟的可靠性，以赢得消费者深切的品牌忠诚度和信心。这种精神一直延续到今天。

日本技术大行其道

历史上，化妆品业一直是西方品牌占主导地位。日本化妆品制造商即便绞尽脑汁发展技术，在全球市场上还是没有任何影响。

对此，可能有几种解释——亚洲人和西方人的肤质、肤色差别很大；有关化妆和护肤的文化差别也应该提一下——西方的化妆品牌已经形成强烈的消费意愿，日本化妆品很难挤入市场，这个事实依然存在。人们没到化妆品柜台试用之前，对化妆品牌的态度和看法往往是固定不变的。很多消费者对于选定的品牌或产品有很深的忠诚度，因为过去使用的效果很好，这样一来，向市场推出新的化妆品牌，让消费者接受的难度极大。

然而，资生堂可不是羽翼乍丰，经验未足。这家公司生产销售化妆品有136年的历史，长期以来在西方国家已经建立起一个高质量、奢侈品的品牌形象；这恰恰就是一百多年前福原有信在银座创办第一家药局时的设想。资生堂已然博得国内消费者近乎铁板一块的支持。然而，为取得国际市场，纵然是方寸之地，也要奋力拼搏。

"我们的产品完全有理由在海外享有盛誉，增长势头应该更加强劲。"资生堂的一位行政主管明确地说。资生堂的品牌形象在国外似乎已经非常稳固，而公司业务还完全依赖于国内需求。

这位主管就是前田新造，已在资生堂工作37年。他在2005年刚刚荣任资生堂董事长、首席执行官，就决定——坚守资生堂传统的同时，要重塑品牌形象，要进行一场一百年来最彻底的改革。

告别过去的辉煌

面对资生堂在过去一百年间创造的传统品牌和产品，前田新造开始大刀阔斧地改革，此举震撼了众人。在他看来，公司发展尾大不掉，太多的系列产品占用了太多的精力和资源，因而冲淡了品牌的总体实力和管理效率。前田新造的策略就是，把系列产品的数目合并为他上台时的四分之一，而且是刻不容缓，亲力亲为。前田董事长打算彻底改造资生堂，速度之快，引起一片恐慌，甚至惹来股东的哗然大怒；他的高瞻远瞩遭到公然反对。

但是，前田新造的答复很强硬。"如果要面向21世纪改革我们的公司，现在正是时候。"他强调，如果现在不采取大胆的措施，只能是错失良机，将来导致更大的痛苦和损失。然而，大家一致认为，维持现状行不通。资生堂在日本的美容业还拥有近 20% 的市场份额,而且赢利势头相当强劲,但是,美容市场充斥着越来越多的本土与海外竞争者。前田新造必须要推动资生堂进入下一个"进化阶段"。

资生堂必然要经历一个辉煌的进化过程。历史悠久的公司大致相同,经营规模大,在某些行业独领风骚,几乎成为该行业的代名词,因而傲慢之极。资生堂的业务逐年猛增,催生出众多的子品牌和系列产品。而这个时代的市场需求日益萎缩,竞争日趋激烈,资生堂正致力于整合全局,着手革新。

确实存在着一种强烈的反对意见,本来可以保留所有品牌和系列产品。因为每个品牌都有忠实的消费群体,无疑,这对资生堂的赢利状况和形象都有不同程度的重要性或价值。在某个时期,一个公司艰苦经营的系列产品数量确实表明了该公司的实力和发展后劲。可是,此时的资生堂似乎走极端了,常常没有澄清真实的意图就放弃那些品牌,或者没有重新评估那些品牌的价值、不顾创办时的定位就放弃了。业务增长毫无节制的时代已经结束。所有目标都要适应 21 世纪新的现实形势。

前田新造的公司改革让资生堂获得新的生命力,传达了更加清晰的品牌信息,更广泛的消费者定位。最初,前田新造提出一个口号,确切地说就是"停掉所有无休无止的生产吧"。资生堂原来遵循的是传统的企业风格,跟日本消费品行业的大多数企业一样,常常把新的系列产品投入市场。然而,这往往会强调"新颖"和"创新",是一种目光短浅的做法,会牺牲掉已有品牌。因此,前田新造发出的第一道指令就是"把手从灌装泵上拿开":

> 拥有很多品牌,本质上自然不是一件坏事。但扶植品牌就成了这些品牌存在下去的理由。我们必须回到实质性问题上,要关注这个生死攸关、显而易见的问题,"品牌是什么东西?"我们的公司有这么多品牌也意味着有一个庞大的库

存。过去我们可以留着这些库存,现在我们负担不起了。所以,必须要保留库存的行为应视作铺张浪费、策划失误。在某个程度上,那就等于拿起撬棍,直奔资生堂136年的大厦,撬下旧地板,重新装修。

不用说,前田新造的决定是大胆妄为,甚至有些专横跋扈,打击到了很多人。然而,想要成功,他们必须紧紧跟随引路人,步调一致地向前行进。就这样,他们开始重塑品牌,方式完全不同,然而,未来更加光明。

迄今为止,这一品牌重塑方案的核心就是向国内市场推出两个"大型产品系列"——"心机彩妆"和"丝蓓绮"。心机彩妆的定位是"总化妆品牌",是一整套的化妆系列产品,产品以业内人士的建议为基础,目标锁定25到35岁年龄段的女性。心机彩妆是2005年推出的一款迷人的系列产品,其主题可大致解释为"美容高潮已经来临"。

丝蓓绮被打造成护发品牌,其定位是"品牌整合项目"的第四大产品系列。丝蓓绮,日文中是"山茶花"的意思,资生堂商标中用的就是这种装饰。这款系列产品旨在重树山茶花油的奇妙功用。很久以来,山茶花油在日本就是用于盘发。

丝蓓绮是2006年春天推出的,资生堂设定的目标是第一年销售额要达100亿日元。但不到一个月,丝蓓绮就完成了目标的一半,跃居市场份额的首位。

"不是所有东西都能成功,每天都有新目标需要实现,"前田新造说,"所以,品牌改革的努力还要继续,我们已经把系列产品的数量从100个减少到27个。2008年起实施的第二个三年计划,就是要把数量减少到21个。但是,我们要继续保证,同时做到'独树一帜和专心致志',要在公司管理中一以贯之。"

产品和人才都要以质取胜

招募和培养人才是前田新造 2005 年提出的管理观的第三条腿：

> 仅以优质产品求成功，是根本不可能的，因为这需要人来解决。人管理产品、研发产品、推销产品，最终销售产品。这样，任何一种努力、企业的任何一个方面都需要培养人才。否则，不管你的产品有多么好，最终也到不了用户的手里。出于这个目的，我们决定不再强调以数量为评价业绩的标准。相反，我们把重点彻底放在追求质量上。例如，我们放弃了依赖消费者相互交流的做法，因为其重点仅仅是销售产品；我们采取另外一种做法，鼓励消费者随时前来协商，目的是建立一种信任关系。

前田新造认为，培养那些可以赢得顾客潜在信任的人才，最终能提升资生堂的品牌价值。他的第一个三年计划就取消了美容顾问的销售配额。截至 2008 年上半年，资生堂超过 80% 的销售额就归结到 27 个重新整合的系列产品上，其中六个"大型系列产品"的销售额占资生堂销售总额 40% 以上。

要顺时应变

自 2008 年秋天以来，世界经济衰退日益深化，市场也随之陷入混乱之中。日本的工商业巨头痛苦地意识到，不再把公司生存的赌注全押在国内需求上。日本这个国家人口持续下降。多年来，出口带动汽车业和家用电子产品行业的增长，国际市场的重要性已蔓延到大多数行业。

资生堂一直急于到海外寻找有机增长。比之于其国内的竞争对手，资生堂最先重新定位为全球性公司，大张旗鼓地进军亚洲市场。前田新造的十年路线图是起自 2008 年的第二个三年计划，他对资生堂的前景相当乐观：

> 我们制定的销售目标是在 2018 年之前达到一万亿日元，其中一半要靠海外市场。从 2005 到 2008 年间，在北京奥运会的带动下，我们在中国的业务增长速度要超过 30%。按照日本的模式，我们通过香水专卖店网络，部署销售产品，以期建立一个广泛的消费群体，对此，我们寄予厚望。日本其他化妆品厂商纷纷仿效，希望把中国当作跳板，在整个亚洲拓展业务。因此，必须确保我们能利用抢先登陆中国的优势，获取收益；要发展成为消费者信任度最高、消费意愿份额最大的公司。

资生堂在中国抢得先机之后，转向整个亚洲和俄罗斯的中心城市，善加利用资生堂作为高档化妆品品牌已然存在的品牌价值。从这个意义上说，资生堂仍然致力于保持一个奢侈品的品牌形象，这是其产品一直引以为荣的。即使在中国推行更实惠的价格点，但仍然实行溢价标准。

自 2008 年起，面对全球经济严峻的衰退形势，资生堂决定其海外化妆品只用一个名号：资生堂，即公司的名称，这是一个容易辨认的旗舰品牌。在某种程度上，这是日本企业全球市场营销的一个精明举措，因为日本企业传统上都经营多种品牌。比如说，松下电器产业株式会社，其品牌最近经过整合，统一为 Panasonic（通译为"松下"，字面意思是"各种各样的声音"）。

资生堂的产品行销于全球 70 多个国家。其中，高端的皮肤护理产品零售价超过 300 美元，这是产品强化策略的组成部分，资生堂于

2009年计划将高档化妆品定位为海外业务的支柱。但在经济艰难的年代，高端化妆品卖得出去吗？

"时间会告诉我们的，"前田新造说。"但是，未来五年，我们的目标是将资生堂变成一个年销售额达10亿美元的品牌。"

资生堂的目标受众头脑很清楚——三四十岁的女性对流行趋势非常敏感，她们倾心于既强调奢华又重视自然美的高档产品，所有产品都强调包含植物精华成分，维持肌肤健康的同时又重视肌肤的自然柔美。

莫等危机临头，再行变革

"我们到达了一个临界点，我们真正做的是生产产品，也注重产品能带来多少效益。"说到2005年之前的资生堂，前田感慨万千，"所以，我探访销售商，直接接触美容顾问，告诉他们不要过于在意销售额度。反倒要求他们倾尽心力，多多考虑让消费者更加漂亮的方法。"

前田亲临现场，广泛调查销售场所，向销售队伍提出一些新的激励机制，减轻销售压力，不强迫他们出售那些似乎对美容顾问、消费者或者品牌没有多大好处的东西。

要把危机当作彻底变革的一个黄金机会，已经成为商业管理教科书反复强调的一个观点。但即使亟须变革，组织的最高层仍需要一个坚强的意志和信念。1999年，法国汽车制造商雷诺派卡洛斯·戈恩前往其合作伙伴日产汽车公司，发现这家日本汽车行业的巨头境况不佳，亟须重组。但从某种意义上来说，只有一个"局外人"才能彻底改变这个公司。日本籍经理可能会面对太多的内部对抗，前辈的高度忠诚必然对他形成强大的压力，可能会把他压垮。戈恩彻底改变了尼桑，完成了日本籍经理当时无法完成的事业，创造了一个可供效仿的变革模式，当然得敢这么做才行。

20世纪90年代后期尼桑发生的这个戏剧性转折，前田新造肯定密切关注过。他就任资生堂公司总裁兼首席执行官时，表现出非凡的毅力和远见卓识：全球经济衰退，前景尚在遥远的天际，一切还不明朗，他接掌资生堂这样一艘吱吱嘎嘎行进的大船，还要执行精简措施。更重要的是，他"大胆妄为"，敢于大改公司辉煌的旧制。

前田新造令人心鼓舞的做法是，强化公司赖以战胜对手、进军新兴市场的相对优势，将资生堂重新定位为国际品牌，打入长期以来由西方品牌主导的化妆品市场。这一业务重组的措施大约五年前就开始执行了，这是一个颇具前瞻性的进程。

结语：坚守传统不动摇，锐意创新不松懈

1872年，福原有信在东京的银座区开办了日本第一家西式药局——资生堂，当时，他就已经非常了解这个行业。他的祖父熟谙东方传统医术，福原有信在一家海军医院做过主任药师。1897年，资生堂药局开始制售护肤产品，为日后发展为日本化妆品行业的巨头——资生堂株式会社奠定了基础。此时的福原有信就已经构想了一个稍有不同的行业发展方向。

"当时，进口货物、西方产品已然大行其道，说到化妆品市场，日本还停留在江户时代呢。"他写道，"我想充分利用当时所有先进的制药技术，让本国产品更加适合日本女人的生理特点和审美品位。"

福原有信到过美国和欧洲，中途还曾停留于1900年的巴黎世博会，对西方的文化与科学更加关注了。回国之后，马上开始大量生产维生素、牙膏之类的产品，甚至还促成了政府运营的大日本制药株式会社的建立。后来，他把资生堂交给三子福原信三管理。福原信三曾留学美国、法国，研习化妆品和时装，回国后，协助公司将核心业务由经营药品转为化妆品。他亲手设计"花椿"（山茶花）商标，致力

于围绕这个品牌打造一个独一无二的审美文化,并聘用顶尖的设计师,支持各种艺术活动。1919 年,向公众开放资生堂艺廊。福原信三聘请松本昇为企业策划。松本昇在纽约大学研习过市场营销,后来成为资生堂第二任总裁。

1921 年,资生堂确立了五项管理原则,即,质量第一、共存共荣、以客为尊、扎实稳健、忠诚不变。1923 年,第二任总裁松本昇开始着手建立第一个全国性自愿加盟的连锁店系统,用以将生产商、批发商、零售商和消费者纳入到一个互惠互利的共存关系之中,这样,每个利益相关方都可以在统一的定价体系下获得合理的收益。加盟的零售商店数量骤增至几千家,独一无二的资生堂企业文化扎下了根,并与质量、时尚和西方审美情趣紧密联系在一起。

资生堂成为日本化妆品生产的旗舰,140 年来一直繁荣兴盛,并且,跨入 21 世纪之后,其第二个三年计划就是成为全球化妆品业首屈一指的品牌。2005 年,满怀豪情壮志、身膺使命的那个人就是前田新造,他不仅仅想拓展国际市场,而且要从根本上重构公司的品牌策略。

自 1950 年代起,资生堂的产品就行销海外行,发现市场状况和需求截然不同于日本。有一点很清楚,在发达的西方市场中,资生堂的产品不能单兵作战。1980 年,资生堂曾与一个法国中型化妆品企业皮尔法伯公司实现合营。皮尔法伯公司于 1978 年启动一个高档化妆品生产线"补水喷雾"之后,聘用了不少品牌区域运作的专家。随后,一整套化妆品在 1989 年投产了,简单地名之为"资生堂化妆品",资生堂进入更加快速的发展阶段。但是,启动这一新的全球商业企划的地点是中国。

资生堂一直积极向中国出口并向生活在那里的海外侨民销售化妆品,自 1983 年起,与中国国营化妆品生产商共享技术,起初只生产洗发水和染发剂,逐渐拓展到生产洗手液和美容产品。产品都冠以中文名上市销售。这种情况持续十多年之后,资生堂于 1991 年与北京开展合作，在一些高档商店里销售"欧珀莱"，这是一款专为中国市场设计的品牌。

该品牌迅速得到消费者的认可，欧珀莱在多数商店中成为最热卖的奢侈化妆品牌。资生堂的海外市场销售份额猛增，2008年年底升至近40%。公司的"10年发展路线"的目标就是海外与国内的销售利益比率均衡。

品牌运作在国内是化妆品业的龙头，在国外也是声誉日隆，资生堂的成功理应归于其综合市场营销策略，自资生堂成立以来，其营销策略就深深地扎根于这些的观念：提供高质量产品，推动保健美容的文化观，耐心细致地与消费者建立长期的互信关系。

这显然就是前田新造实施诸多三年计划的主要愿景，他要把资生堂"建设成真正以消费者为导向的公司"，清除销售配额以及其他妨碍商家与消费者为一体的因素。这也是资生堂在中国执行稳扎稳打、扩大经营规模的商业战略背后的主要原则，正是因为如此，才建立了5000家左右的加盟连锁店，在快速增长的国际市场上成为最畅销的化妆品牌。对前田新造来说，"以消费者为导向"就是与世界各地的目标用户增加接触。他深信，资生堂的传统价值观能大行其道；尤其是对卓越品质的不懈追求。如果他的判断正确，化妆品世界的重心最终可能会东移，就像全球经济中心东移一样。

前田新造的主要经营理念
- 高质量的品牌必然会全球畅销。
- 如果能把握消费者的需求，制定明确的目标，就一定能成功。
- 要有坚定不移的决心，才能实现目标。

资生堂株式会社

创办日期：1927 年 6 月 24 日

前田新造，董事长、首席执行官

总部：东京市中央区银座七丁目 5 番 5 号

　　　http://www.shiseido.co.jp/com/

资产：64,500 百万日元（财年截至 2009 年 3 月）

销售总额：690,256 百万日元

营业利润总额：49,914 百万日元

净利润总额：19,373 百万日元

员工：28,810 人

4

公司传统重要　消费需求至上

岩田聪
总裁、首席执行官
任天堂株式会社

1959年12月6日生于日本北海道。就读于东京工业大学工学部，主修"计算机科学"，在一家百货商店兼职卖计算机。他与同事一起成立了一家软件开发公司，叫HAL研究所，主要是向任天堂提供软件。2000年，岩田供职于任天堂，担任企业策划部的主管，2002年6月1日，就从这个职位上一跃成为公司的总裁、首席执行官。该公司前三任总裁都是出自创业者山内家族，岩田似乎是来路不明，却越过年高德劭的寡头，直升总裁大位，真是出人意料之外。

任天堂：起点低微，生产纸牌

任天堂于 1889 年成立于京都，初名"任天堂骨牌"，由山内房治郎创办，生产一种手绘的传统日式纸牌，叫"花札"。这种纸牌玩法需要用手反复洗牌，损耗快，所以订单也是源源不断，使之成为该公司畅销产品。

1902 年，任天堂成为日本第一家生产西式纸牌的公司。任天堂生产麻将牌时，作为一家游戏玩具公司就已经小有声名了。

山内房治郎膝下无子，只好把公司大权交给招婿金田积良。入赘的女婿要改姓山内。山内积良也没有儿子，招婿稻叶鹿之丞的儿子，也就是山内积良的外孙山内溥接手任天堂后，转产电子游戏，公司业务就扶摇直上了。而山内溥很早就表现出他的商业才华，曾有过种种大胆的举措，比如，争取迪斯尼卡通形象使用权，印在扑克牌上用以增加销量。任天堂在他的执掌之下蹿升为热门股票公司，其股票在东京证券交易所第一部上市，那是日本整个企业界重仓股交易的部门。

"任天堂"三个汉字是指人生诸事多靠机遇，或命数。换言之，就是谋事在人，成事在天。这就是任天堂血脉中流淌至今的精神：不急于求成，要踏实工作，稳扎稳打，日积月累。

1970 年代中期，在各个领域尝试之后，山内溥引领公司驶入电玩城和家用电玩市场。该公司依靠早期红外线控制的电视游戏机取得相当大的成功。直到 1980 年代初，大型街机游戏《大金刚》风靡一时，掌上游戏机 Game&Watch 这一便携式游戏机问世，任天堂开始巨额赢利，表现出引领市场的实力。Game&Watch 这款游戏机大小如手掌，液晶显示屏具有革命性的意义，所以，人们认为它是任天堂双屏游戏机的前身。如今在游戏机市场上，它早已是一统天下了。

到了 1983 年，任天堂可谓大获成功——它推出一款产品，成为全球电玩的代名词：家用游戏主机，华人称之为"红白机"。一年之后,在美国发售,名为任天堂娱乐系统,简称就是"任天堂"。电玩风靡于市场时,红白机为消费者提供了更大便利,用游戏控制杆切换游戏,更重要的是,任天堂开始向第三方游戏开发人员提供了平台。这是一个具有开创性的举措,最终促生了当今数十亿美元的游戏产业。

当时,玩具制造商生产了各种各样的视频游戏机,囊括了各种游戏供人使用。基本上,使用任天堂家用游戏主机的人都可以参与开发,这样就开辟了一个全新的市场和产业。

个人计算机技术尚在萌芽状态,但日本电气的 PC8801 与 MSX 这些操作简便的个人计算机一经发售,就吸引了日本新一代年轻人,他们渴望成为主打游戏或计算机程序设计师,纷纷涌向家用游戏主机的平台。

其中有一位卓尔不凡的青年程序设计师,叫宫本茂,是任天堂的雇员,他设计的《马里奥》系列游戏,大人小孩都喜欢,引起非同凡响的轰动。《马里奥》是真正推动家用游戏硬件首次发售的"杀手级应用程序"。顺便提一句,全球共销售四千多万套《马里奥》,至今仍是最流行的一款游戏,网上可以下载得到。

岩田聪掌舵,任天堂进入新时代

据说任天堂现任总裁岩田聪一直酷爱电子学和计算机,上大学时在一家百货商店打工,这样白天就可以摆弄那些东西了。

岩田是位激情四射、技术过硬的程序员。他联合了几个酷爱计算机的同事,共同创办了一家游戏软件公司,叫 HAL 研究所,不久就展现出他过人的天赋。

他的时机把握得恰到好处。红白机刚刚发售,家用电脑游戏的天地更加广阔。岩田着手编写的游戏程序,用在游戏机上,一经发售就成为任天堂游戏的经典之作,比如《气球大战》和《高尔夫球》,同时,也奠定了计算机精准绘图的标准。

岩田首先是一个创作人员，其次才是管理人员，所以总是考虑产品生产的问题。他很少问那些不得要领的问题，比如，如何提高公司的效率，倒是常常问，"想个什么办法能让用户交口称赞呢？"或者是"怎么把这个程序编得更好玩呢？"

直到今天，岩田还是会和雇员一起大干上几个小时呢。每逢编程结尾时出了问题，他时常第一个来到现场与大家交流、疏通故障。岩田天生就是一个事必躬亲的生产管理人员，厌恶让备忘录牵着鼻子走的领导人。

为了赢得充分的时间在生产现场工作，岩田尽可能地避免在媒体上露面。甚至与软件和编程问题无直接关系的会议，他都不出席。岩田做公众人物的感觉从来都不自在，倒是乐于废寝忘餐地编程，他相信，编写伟大的游戏作品、创造美妙的娱乐手段，是和任天堂的过去、现在和将来的成功最密切相关的，比一切都重要。

日本的游戏大战

任天堂一再更新计算机游戏的实力——最近的实例就是 Wii 和 DS 游戏平台——为公司赢来了类似于点石成金的光环，而公司的管理者会矢口否认。因为事情不都是一帆风顺的，这一行业的水很深很浑。

大致浏览一下，任天堂家用游戏机的变革是这样的：红白机（任天堂娱乐系统）、超级红白机（超级任天堂娱乐系统）、任天堂 64、NGC（又叫方糖）与 Wii。掌上游戏机的发展如下：游戏小子（第一代）、便携型游戏小子、背光屏幕型游戏小子、彩屏型游戏小子、游戏小子进化版主机、折叠式游戏小子进化版主机、微型游戏小子，随后，又是任天堂 DS（双屏）、DSLite（简称 NDSL）与 NDSi。

但还有一个机型总是漏掉，即游戏小子虚拟机，是与任天堂 64 同时发售的一款 3D 游戏机。

当时，电视游戏机的市场上充斥着很多商家，贪婪激烈地争夺市场份额，争先恐后地在下一个变革舞台上一较高下。就连松下也一再带着游戏产品卷入混战。

松下利用当时还算是具有开创性的成像技术、通过光驱实现的大容量，推出了 3DO。业内人士普遍认为，主机有了电源插头就能或者说就该成为一个多媒体平台，这个时代走到了尽头。3DO 就是这样的一款游戏机。

当时在日本市场上与任天堂 64 竞争的是索尼 PS、世嘉的世嘉土星，还有日本电气的超级 CD-ROM。除了任天堂之外，那些公司都是全球家用电子领域的巨头，专营超级规格的机型，为的是加强市场吸引力。

任天堂一方面担心落后，另一方面希望凭借技术实力弥补此类差距，就推出了游戏小子虚拟机。这款机型配置了一个硕大的对位显示屏，要玩游戏需把头探进去。双眼完全固定在游戏机上，再无余光看别处，游戏控制板只对着一个仿真三维立体的视像世界。其致命的缺陷就在屏幕上，它展现出的图像只有黑红两色。

游戏小子虚拟机就成了"游戏玩家的对头"的代名词了。虽然取名叫作"游戏小子"，却带不出家门。这就决定了它的命运。

然而，索尼和世嘉抓住了玩家的心，利用了时称"多边绘图"的技术获得了竞争优势。多边绘图技术最初是由美国军方开发的，用计算机操控在平面网格上绘出多边图形，从而制成三维立体视像（任天堂也使用了相似的成像技术，但基本上还是平面的点阵图，与过去没什么差别）。

另外，世嘉依靠不入俗流的街机游戏而大展手脚，全国各地的"游艺中心"（游艺厅）都安装了这种游戏，而且还精编为家用电玩。

世嘉因《快打旋风》而大获成功。《快打旋风》是一款以多边绘图技术创作的格斗游戏，由两个或两个以上的玩家打的竞争性电子游戏，提高了受欢迎度，最终成为经久不衰的畅销品。商务游艺中心每套游戏以两百万日元出售，无论谁想随意玩这款广受欢迎的游戏都可以装在世嘉土星上拿回家玩。

娱乐中心的游戏大受欢迎，而家庭游戏机经过四年的成功开发，使用的圈子也在变化，而两者之间差异也越来越大了。简而言之，在家里可以玩个够是家庭游戏机的主要卖点，而所配置的游戏软件水平和质量却低得惊人，令人大失所望。渐渐地，任天堂游戏的玩家都投向了世嘉，只留下一些坚定的拥趸者。

任天堂为未来拉响了警钟

事实证明，国内游戏大战的制胜法宝是绘图技术，唯一的赢家是索尼公司。任天堂还能够稳步发展，尽管游戏小子虚拟机惨败，该公司利用游戏小子平台成功地垄断了掌机市场。事实上，任天堂长于快速改变市场方向，重建游戏小子平台便携性的优势，致力于提升其设计功能和特性，与此同时，寻求下一次大的机遇，在家庭游戏的市场上予以反击。

精良尖端的规格并不是游戏小子玩家所追求的。世嘉掌机游戏GG（意译为游戏装备）技术更加高端，操作起来更简便，却惹恼了消费者，就是因为电池寿命短。而彩屏耗电量大。再就是不管对消费者还是对游戏开发人员来说，游戏平台价格太高。结果，这个游戏在市场选择中消亡了。

后来发生一桩大事，让任天堂反败为胜。1996年推出一款游戏，起初的几个月并没有很大的进展，但由于在玩家中的口碑很好，既而引发相当大的市场需求。这款游戏就是《口袋妖怪》。

它大大地推动了游戏小子掌机的销售。《口袋妖怪》是结合了电视、电影和商业化特许经营权的大制作，使任天堂斩获了"媒体组合"策略的附加收益。

任天堂的经营出现了转机。无关乎高超的制图技术或处理速度，唯关乎为游戏小子掌机开发的一款软件。任天堂抓住机遇，拉响警钟，提醒世人，也提醒自己，"再也不要关注那些只喜欢高档产品的群体了"。

2007年，岩田聪破天荒地接受了《日本经济新闻》的采访。他说：

> 即便有人马上要推出一款游戏机，性能十倍于市面上的同类产品，我常想，孩子们会在多大程度上真正注意到其中的差别呢。只有少数游戏玩家了解或者关注这种差别，然而，商业运营者以他们为目标就是押宝，那就无异于行走在薄冰之上一样危险了。

《口袋妖怪》在全日本热卖，这与游戏的规格档次无关。这款游戏采用的是黑白成像技术，属于低端产品。岩田聪提出了一个警示，如果这个产业继续无视游戏内容，只关注游戏机的运算性能、CPU（中央处理器）的运行速度、图像处理过程需要多少次运算，那么肯定会衰败。

任天堂有理由这样说。

雅达利公司轰然倒闭的案例就是证据。这家美国游戏公司在1982年之前、在任天堂尚未进军海外之前，就已登上游戏产业的巅峰。游戏界称之为"雅达利冲击"。

当时的游戏设计得日益精密复杂，雅达利冲击恰恰说明了电脑游戏业内所特有的一个问题：游戏内容跟不上技术水平的发展。那个时代的游戏制造商相信什么东西都卖得出去。但事实并非如此。制造商漠视消费者的意见，消费者就厌倦他们的产品。现在的形势与当时的状况可以相互参照。

过分强调档次，导致电游过分强调高度的视觉真实性或者画面质量，过分炫耀技术水平，而很少涉及别的东西。

这种角力的电游竞争要求游戏软件制造商必须具备大量的资金和高超的技术水平，排斥了许许多多的第三方开发人员，他们的想法很好，只是工具和手段欠佳。

然而，任天堂的自我定位始终是与潮流相抗衡，没有将全部精力投到高精的绘图技术和运行速度上。Wii与DS游戏平台在全球范围取得成功，就证明了任天堂运营的立足点。这两种产品获得广泛支持的原因，首先是任天堂摒弃传统的游戏控制手柄及其所要求的游戏玩法，创造了全家人一起玩电游的方法。操作更简单、更直接，不是游戏玩家也能很享受。

最终，任天堂证明了一点，大多数消费者毕竟不是那种过分强调游戏档次的玩家。

革命意味着要抛开过去的辉煌

在研发Wii游戏平台时，任天堂决定彻底告别那种标准的游戏控制方式——光标＋、按键A和B，这种装置原本是由任天堂引入，整个游戏业界都赖以取得发展。

如果你用过索尼游戏站的那种控制台，就有可能想过为什么把方向控制键按照现实生活那样设置呢；间隔太大，玩起来非常不方便。上上下下，左左右右，感觉像在石阶上跳来跳去。

按键的这种布局是有原因的，任天堂拥有"＋"光标的专利。电游上设置"＋"光标真的是一个突破，可以更加便捷地使用A和B键，可以自由地移动于屏幕上的人物或玩家之间。正因为如此，家用游戏主机真正做到了名副其实，获得不少家庭的喜爱，同时也为今天庞大的电脑游戏产业打下基础。

游戏控制手柄作为游戏的界面，具有至高无上的重要性，是连接虚幻世界与现实世界的桥梁。然而，任天堂的Wii和DS游戏平台彻底抛弃了这个东西。

任天堂选择全新的技术，Wii 使用的是红外遥控"指点器"，DS 用的是直接触屏的光笔。由于夏普电子记事簿"萨乌鲁斯"的普及，光笔技术已然获得广大用户的支持。

或许，抛开光标与 A、B 按键等标准配置不是一个简单的事，毕竟这代表了该公司卓越的技术水平与珍贵的文化财富。

岩田聪接受一家游戏杂志的采访时谈及研发 Wii 和 DS 游戏平台一事——他得到了任天堂董事会主席山内溥的鼓励。

"我们还有能力承受一两次硬件（游戏装备）领域的失败。大胆进取吧，一定要打造出最佳的游戏体验。"

岩田聪怀着感激之情说，他握着山内溥的手，决定着手人生第一次硬件开发的尝试。

那么，让消费者接受你生产的游戏机，需要做些什么呢？岩田聪的主张就是，废除控制装置，使游戏软件更容易操作。游戏规则越简单，玩起来就更容易。纸牌、球类、打水漂和跳绳之类的游戏规则非常简单，简单解释或演示一下，就能学会怎么玩儿了。

诚然，电脑游戏的规则变复杂了，结果只会越来越让人望而生畏，不想玩了。岩田的目的是要简化游戏规则。如果有件事连你都不想干，就更不用说那些想开拓游戏天地的人了。

任天堂的"这步险棋"取得了成功，突破传统的电脑游戏结构和主题，创造了全新的游戏风格，还把新的玩家带进游戏的天地。什么东西也比不上为 DS 设计的那套系列软件，被戏称为成人健脑训练 DS，发售之后即刻热卖，销售了五百万多套。

这种一反常规的方法赢得了骨灰级游戏玩家不遗余力的支持，他们认可、也欢迎一种全新的玩法。因此，DS 和 Wii 游戏软件一经发售都能持续销售。为这两种游戏平台开发的主打软件多数都能热卖。

回顾一下游戏软件开发的历史，就可以发现，大多数游戏发售之后的前三个月，销售数量尚可不断增加。书籍和唱片情况实际上也一样。但是，DS 与 Wii 颠覆了这个普遍存在的看法。

这些游戏持续热卖的原因可能就是"游戏的普遍价值"。一般说来，目前的游戏摆脱不开一个框架，就是开局与终局。一旦打了通关，玩到游戏的终局，也就趣味索然，不会再玩了。换句话说，玩到终局的那一刻，游戏的价值马上大跌了。这是因为游戏研发人员将故事情节引入到那些大量生产的电脑游戏之中，就像电影、小说一样，后来几乎成为整个游戏产业的标准。

很多长期热销的游戏没有终局，当然，还有目标，还要通关，但这类游戏激励玩家从头再玩；下一个回合会玩得更好。大众游戏的平台上，不仅仅是DS或Wii，都要说明这些特点。

与赢得消费者支持密切相关的另外一个因素就是方便使用，任天堂的产品就是依靠这一点吸引了各个年龄段的男女玩家。电脑游戏很少能成为孩子与家长常常聊起的话题。多数追赶时尚的游戏只是受玩家追捧。实际上，Wii的电视广告讲的是一家人站在客厅里一起玩电脑游戏，而DS的广告讲的是几个年长的名人，虽然不适合电脑游戏玩家的形象，却在自得其乐地玩游戏。就像DS（现在也开发了Wii）健脑益智游戏一样，新的遥控游戏控制器利用其加速技术将家庭游戏系统也变成了一种体育锻炼的设备，任天堂的初衷在发售Wii健身美体平台时就可见一斑，它可测量人体平衡、血压，甚至还可以测量体重和脂肪含量。最终，其销售总量达到一千五百万多套。

任天堂努力不懈，坚定地维护自一个世纪前该公司创立以来一以贯之的品牌信念。该公司赖以创立的纸牌游戏"花札"，传统上就是全家人在新年假期时一起玩的，原本新年假期就是全家人团聚的日子。家庭游戏主机使用"家庭"一词，意在强调该公司的品牌信念，因为这种游戏主机不仅仅革新了家庭娱乐，而且也吸引了所有家庭成员，吸引了各行各业的人员，尽管还没有达到Wii和DS现在的程度。任天堂的游戏软件尽最大的可能摒弃极端的暴力和性爱画面，通常也要求第三方软件开发人员不可将暴力血腥的画面安插进游戏里面，在任天堂游戏平台上使用。在这种情况下，有辱于"家庭"一词，也就不能在海外使用，因为这个词的用意就是传达该品牌的基本信念。Wii 和 DS 游戏平台的成功，证明坚持品牌信念最终获益，即便是一个公司有可能要废除或停掉传统产品或服务项目。

任天堂坚持"家庭"的信念，颠覆了电脑游戏的一贯形象，人们从心里认为只是孩子们玩的东西，而任天堂致力于激发人们心里的儿童天性。任天堂最初革新 Wii 游戏平台，使之拓展为可供四人同玩的游戏，这就是原因之一。对于该行业而言，这一举措也是意义非凡，因为这可以把家里玩电脑游戏的人数扩大到四倍。

岩田聪坚守山内这个任天堂创业家族的经营理念，同时，采取措施，维持利基市场，吸引了全球大量的客户，必要时敢于创新。

任天堂秉持符合其发展的管理观念和价值标准，但也毫不犹豫地抛弃、修正那些价值标准中模式化、毫无生气的表述，勇于探索新的成功之路，最终，发展成为重要的跨国公司、游戏行业的领军企业。

不论成败得失，但问是否践约

然而，任天堂之成名在于从不张扬其企业战略。除了每年刊发其财务状况，锦囊妙计秘不示人，在重大的行业会议上限制宣布新硬件的发售消息，最突出的一例就是美国加州举办的电子娱乐博览会（E3）。

2009 年 4 月 9 日，岩田聪与总工程师宫本茂出现在东京市中心的驻日外国记者俱乐部，煞有介事地讨论 Wii 和 DS 游戏平台的海外战略问题。这显然是不合常规的。

然而，其结果至少是发人深思的。该公司的历史对于大多数产业观察家来说耳熟能详，被他们改头换面又讲了一遍。别的公司可能会抓住机会，大肆渲染公司光明的前景，多方宣传公司的创举。但任天堂行事内敛，只有对销售产品有必要时才会做公关宣传，才会促动消费者的期望。也许，这与其多年来一贯的企业文化和制度有很大关系。司空见惯的是，任天堂只在最务实、最一丝不苟的层面上发布产品名称，留给众人的只有神秘感。

丰田贤治是任天堂公关部门的负责人，为保持公司的这一形象，也表现出谦逊自牧的态度：

> 我们不以成败得失论事。不妨看看周围，一些世界知名的公司在走下坡路。我们公司在这一点上稍稍领先，只不过是运气好罢了。所以，我们不会让一时的成功改变工作方式。

"尽人事，听天命"，就蕴含在公司的名字里。

丰田贤治的语气非常平和，样子也很轻松自如。这一天，他是来发布公司第三季度财政收入状况的。报纸上的头版头条消息赫然在目："任天堂赢利三千亿日元，领军游戏产业，却欲下调产量。"

"我们公司营业观一直没变，"丰田贤治继续说道。

> 我们要继续努力，了解消费者，弄清怎样使他们获得最大的快乐，就像父母与孩子一同玩耍，像老师教导学生，告诉他们如何与别人一起玩，只不过是借助于游戏罢了。游戏的玩法如果恰恰可以激励很多人，告诉我们游戏很有趣味，我们也就别无所求了。说起来简单，但是，请你相信，我们经历了许许多多的失败，种种失败都提醒我们一切并不简单。

丰田贤治说到这里，终于不经意地笑了笑。也许，一个公司的实力实际上蕴藏于雇员之中。他们谈及公司时少用豪言壮语，但萦绕于脑海的想法和形象总会让他们想起一个笑容。

结语：特立独行的骄傲

人们很容易忘记任天堂是一个历史悠久的公司，忘记1889年它在京都创业时的寒酸。因为一百年之后，到了 1980 年代，这家公司才刚享誉全球。"家庭游戏主机"的情况也是如此。掌机 DS 系列 2004 年首发，到 2009 年 3 月底售出一亿套，而 Wii 家庭游戏系统卖出五千万套，当时，任天堂在电脑游戏界无可争议地成为领军企业。对任天堂来说，有过失败，同时它真正激荡起了消费者的热情和信念。屡败屡战，不懈努力，日积月累，生产出一款优秀的产品，公司的成功因而很可能蕴含于坚持到底的工作信念、特立独行的管理风格之中，这通常要归功于创业时期的企业特质。

任天堂软件开发部高级主管宫本茂说，"我们永远都要为自己的产品创造新的市场。开发不同于以往的游戏产品，就能为我们在国内外赢得新的消费者。"这番话是他与公司总裁岩田聪于 2009 年 4 月 9 日共同出席驻日外国记者俱乐部的会议时说的。他们确实特别强调了一点，即现在的产品吸引了新的消费者，特别是家庭妇女和中老年人，他们以前根本不了解电脑游戏，或者对电脑游戏不太感兴趣。任天堂 DS 游戏机打开之后是两面液晶显示屏，其中一面可以直接用光笔书写。Wii 家庭游戏系统可由一根电子棒控制，只用一只手，可摇可晃。这都很简单、直接，可以吸引任何人来参与。现在，电脑游戏的用户基础从幼儿到老年人非常广泛。岩田聪是一个革新奇才，善于变革"游戏"文化，人们都相信这一点。

2009 年 4 月，任天堂 DS 游戏机安装可翻转的照相机，附带音乐收听功能，DSi 推向了西方。DS 游戏机进一步个人化，任天堂希望其用户基础从每个家庭一套扩大至每个家庭成员人手一套。

"可能是因为我们的总部一直都在京都，我们常常使用'东京一带'这个词。如果只针对东京人研发产品，产品就无法行销全球。不管怎么说，必须要创造一些不常见的东西，因为公众反应随时都会有变化。你做到了，产品就会得到人们几年的好评。"宫本茂接受《朝日新闻》的采访时如是说。

很多京都的公司都采用独特的管理风格和技术，取得了成功。因独特而骄傲，而得以大行其道。多数京都企业家相信，只要行事不同于东京人，就能取得成功。这个特点是由一种强烈的自我意识和基于数百年传统的行业骄傲构成。此传统包含了日本的传统文化资本。任天堂及其追随者相信，自电脑游戏赢得广泛的支持以来，电脑游戏自身也是声名赫赫。它可用于教育、疾病康复和人际交流，在庞大的社会相关性方面也有潜力。任天堂成功的奥秘在于它能疏离盲从的群体，总结失误，纠正失误，从中获取必要的认识和灵感以维持企业的独特性和存在价值。

岩田聪的主要经营理念
- 不懈努力，创造新的市场。
- 致力革新并创造不易见到的东西。
- 勇往直前，打造最佳的游戏体验。

任天堂株式会社
创办日期：1947 年 11 月 20 日
岩田聪，总裁、首席执行官
总部：京都市南区上鸟羽铧立町 11－1
　　　http://www.nintendo.com/
资产：10,100 百万日元（财年截至 2009 年 3 月）
销售总额：1,838,622 百万日元
营业利润总额：555,263 百万日元
净利润总额：279,089 百万日元
员工：4,130 人

5

摆脱各种规范　处处为顾客设想

濑户薰

总裁

大和控股有限公司

1947年11月生于神奈川县。1970年毕业于中央大学法学院，并入职于大和运输公司。1999年受命任执行官，2004年任管理执行官，2005年任大和运输公司董事并兼任大和控股的代表董事。2006年6月，任大和控股总裁。

公司的兴衰得益于一个人的个性

大和运输有限公司于 1919 年在东京创立。创办人是一位年轻的企业家，叫小仓康臣，起初只有四辆卡车，服务范围仅限于东京市区。到 1960 年就成为日本最大的商务专递服务企业。但是，他的儿子、毕业于东京大学的小仓昌男在 1970 年代重组公司，使之成为提供门对门包裹运送服务的领军企业，至今仍是如此。

小仓昌男其人机敏睿智、意志坚定、才能出众，他不惧怕失败，被认为是日本最有魅力的人物。他热心于督促员工，据说是那一代最具商业头脑的人。

他的思维方式中也存在不拘常法之处，他对聘用员工的看法就非同一般：

> 你可以分析所有你想要的数据，但必须采取完全客观的态度，才有可能正确评价个人业绩，才能真正说清工作做得怎样。有些公司叫嚷，"要寻找可以做好工作的员工"，从某种程度上来说，毫无意义。不必多说，假设你要挑出这样的一个人，你怎么就能肯定他或她就会为公司创造效益呢？

一直以来，小仓昌男喜欢依靠直觉聘请员工，这需要与人对面而坐，长时间交谈，了解他们的个性。对他而言，这个方法用以评价一个人并不离谱，让人称赞的是，他留在身边的那些人事实上都是工作积极主动，长时间加班也无怨言，谨守该行业的规范——提供最高水平的服务、待客谦恭有礼。

也许，这更应该归功于高层人士的品格，与人员选拔技巧没多大关系。人们总能看到小仓昌男的周围聚集了一群员工，尤其是那些年轻一点的，他们在一起讨论哲学问题。

"不要太过关切你的举措是否成功,"他可能会忠告年轻人。"但要饱含热情,要懂得如何经过努力取得成功。"

小仓昌男在公司里致力营造一种意气相投、平和相处的氛围。团结一致高于个人业绩。这是因为自创业起,大和运输公司必须要调动员工的斗志,针对现状和政府监管进行旷日持久的斗争。当时,只有国有的日本邮政才提供门对门的包裹与文件运送服务。

在压力下寻求机遇

1971年,小仓昌男继承了父亲的大和运输公司,该公司当时的财务状况已呈下降趋势。大和是民用运输基础设施建设的先驱,向著名的百货商店三越、顶级消费电器制造商松下提供货物运送服务。1970年代之前,业内增加了很多竞争对手,现在在远距离货物运送市场上远远超过了大和。1973年石油危机暴发后,情况更加严重了。到了1975年,大和已摇摇晃晃地站在被遗忘的边缘上了。

为了恢复公司业绩,小仓昌男做了最后的努力,走了一步很险的棋,围绕提供门到门快递服务重新改造公司。他想象得出这项服务为住户、尤其是家庭主妇能提供多大的便利。这个想法本身没有突破性。大多数快递公司已经认识到其潜在的市场需求,并考虑如何付诸实施。但没人能预见是否能赢得足够的利润,以证实其投资可行性。其运营属于劳动资本密集型,就像商业快递服务一样,而且投入只多不少。这充其量算是一个利基市场,而服务对象是相对来说不固定、也不稳定的客户群,这很可能就是物流业的噩梦。

但是,小仓昌男没有望而却步:

尤其是在困难时期,机会往往涌现出来。我想,如果把送货路线拓展到全国范围内,与产业网络连接,我们就可以通过口耳相传建立一个整体协作的业务,迅速突破盈亏平衡点而获取利润。

小仓昌男相信，这就是公司所需要的复兴。他认为，成千上万的国人都需要有一种办法能把包裹送到朋友、家人和同事手里，要快，比国有日本邮政和日本国有铁道还要快。

"全国有几百万个家庭主妇，"小仓昌男宣称。"她们都想把包裹送回家给妈妈；妈妈也回送礼物。如果这个交流过程更加便捷，也就是说更简单、更便宜、更方便了，我看不出有什么理由得不到回头客。"

小仓昌男非常相信，一旦全国消费者真正体会到这种服务的满意度，成功定然像传染病一样四处蔓延。但是，最初确实是步履艰难。刚开始，大和可能每天只能接到两个电话。人们要了解到世上还有这样的服务行业存在，还需要一些时间。

小仓为遭受赤字亏空做好了充分准备，他积极在全国范围内开设配送中心，从大都市到地广人稀的乡村，无处不备，然后，静守着这一场旷日持久的"冬季战役"。可以肯定的是，存在着一些表现欠佳的前哨。但是，一天天过去了，这项服务的便捷、低价位使其声名渐起，这主要是靠口口相传。

小仓很高兴听到这样的评价，比如，"大和运输公司真是能干呀。哪怕只有一个包裹，打个电话，他们就赶来取走了。"

小仓所开创的业务叫"宅急便"，基本含义就是"上门快递"。大和广受顾客青睐，被当成是门对门快递服务的专业公司，"宅急便"就成了一个全新的业务范畴，固定成为一个文化术语。

一个服务项目的内容一旦确定，就要迅速把它拓展为覆盖所有地区的服务行业。这也成为当务之急。随着新竞争对手的快速出现，如日本通运株式会社，它成立新部门，激烈角逐市场份额。大和加大投入，开辟更加多样化、更加增值的服务，旨在挖掘更多潜在的市场需求，比如"滑雪信使"、"高尔夫快递"、"酷信使"，还有按顾客指

5. 摆脱各种规范 处处为顾客设想

定的具体时间交货。

小仓曾经断言，业务量的增长与知名度同步：

> 管理人员多加思考有好处。有时，你像疯了一样绞尽脑汁，还是找不到答案。有那么一刻，你只得靠自己的直觉行事。不管结果怎么样，你肯定能学到东西，这是好事。摸着石头过河似乎不一定很好，但是，总会让你不断取得进步。

要有行至中流而改变方向的勇气

小仓昌男临危受命，接手大和运输公司总裁一职，当时，该公司陷入自创业以来最严重的危机。1970年代早期，日本经济快速扩张的时代接近尾声，而且美国总统尼克松取消固定汇率制度、对中国采取开放政策、两次石油危机等事接踵而至。对于大和而言，要想闯过经济动荡的时代，求得生存，就需要勇于开辟一个全新的业务，还要进行大刀阔斧的改革。裁员1000人，员工总数4000人，尽一切可能节约成本。即使这些措施对那些只知不断扩大业务的人来说相当激进，也未必能把大和从破产的边缘拉回来。

为使生存计划奏效，小仓感觉有必要扩大服务的覆盖面，而不是紧缩。该公司主要服务于关东地区：七个县，包括大东京都地区及其周边，服务覆盖面只有区区13.1万平方英里。小仓雄心勃勃的计划自然在管理层引起一片哗然和强硬的抵制。公司本来就已摇摇欲坠，还要违背常理，进一步扩大赤字。

然而，小仓的立场十分坚定，这并不是因为他妄自尊大、对自己的能力过度自信而导致缺乏远见、产生错觉，而是因为他发现了真正的机遇。该公司几乎所有业务都是面向大宗货物处理。由于竞争对手过多而经济增长放缓，这种业务已经萎缩。当然，大宗货物笨重，利润丰厚。小仓认为，应该脱离饱和的市场，进入小宗货物这个尚待开发的市场。所需要的一切就是相应地转变经营模式。

代人运送小包裹，是传统的智慧，与大型货运相比，需要把个人包裹运输的量做大，才能达到赢利的临界量。试想，这个过程必须要建立众多的传递路线。令人担忧的是，这些因素肯定会导致低效、不可靠、也不一致的服务，这样价格就会高昂，就等于将顾客拒之门外。

但是小仓平复了这些对上涨潜力不足的焦虑。"换个角度来看，家庭主妇不会像商业客户那样再三要求折扣。这是一种以现金为基础的运营方式。当场收取现金的想法使得这项业务非常有吸引力了。加之，我们的业务不可能只会越来越糟。我非常喜欢尝试新的事物，不愿意坐等奇迹的出现。"

就这样，如果说不针对整个物流行业的话，那么，就是该公司的历史上出现了意义重大的转折点。大和运输公司改组之后，经营一个新的业务，由濒临破产跃升到行业领先的地位，销售总额达一万亿日元。

> 以前，想寄包裹，必须把包裹送到当地邮局。即便如此，还要受到每件包裹不得超过最大重量6公斤（合15磅）的限制。比方说，住在乡下的父母想给工作生活在东京的儿女寄一个爱心包裹，既无说明，也无保障包裹哪一天哪个时候送达。这一点显然有改进的余地。我认为，发件人与收件人理应获得更好的服务。确确实实，我们可以为他们提供更大的便利、可靠性、宁静的心态，这在以往花大价钱也做不到。

打一个漂亮仗

小仓昌男善意、认真地思考普通民众的潜在需求，确实受到了他们的热烈欢迎。大和的发展速度惊人，宅急便卡车与送货人员在全国所有社区内逐渐成为人所共知的标志，因为他们满足了各地居民不断增长而又无处不在的需求。结果，公司赢利急速攀升。

大和被民众尊为英雄，而政界视之为祸根。小仓决心与强大的对手，也就是日本邮政省和国有铁路公司一决高下。政府跟不上大和为顾客的便利所做的革新步伐，而且，小仓及其公司投放市场的所有新型服务项目打出了自己的形象，建立了顾客的信任度。小仓每采取一个新的举措，都要面对政府官员，他们责令他要遵守某些匪夷所思的条例，或者吹毛求疵地检查公司运营的每个细节。小仓的是非标准明确，从不屈从于压力。

一切都在预料之中，大和门对门包裹快递的成功模式也遭遇到新竞争对头的冲击。小仓喜欢这种竞争，而且，以之为巩固行业生存能力的方式。所以，他提高服务质量和服务标准，其竞争者无法跟从革新步伐，比方说，日本国有铁道，大和出现在门对门服务市场十年之后，就取消了该项业务。日本邮政不能坐观这项重要的赢利业务摆脱自己的掌控，最终推出专属的国内包裹投递业务，"玉包"。

政府垄断包裹投递业务的日子一去不复返了。大和"宅急便"和其他运营商的崛起，擦亮了顾客的眼睛，他们明白了包裹投递服务的实质。

大和与日本邮政之间的争斗并没有结果。2004年，日本重要的连锁便利店罗森株式会社接手日本邮政的包裹投递业务，政府机构已在全国开办20,000家邮局，而罗森又增设近8,000多个服务网点。大和指控对手违法，请求政府下强制令，宣布强强联合为违反《反垄断法》的行为，因为日本邮政享有优惠的税收待遇以及其他收益，可以提供更低廉的价格。

大和毫不屈从的决心，加剧了日本议会对邮政服务最终是否应该民营化、鼓励民间自由竞争的大辩论。报纸和社论关注了这一动向，头版头条大张旗鼓地报道官办机构就是不公平的垄断行为。罗森最终撤销了合同。

2007年，日本邮政实现民营化，成立"日本邮便事业株式会社"，这一举措饱受争议，但大受欢迎，只有大和视之为长期的艰苦卓绝的斗争，因为政府的涉入，这场斗争演变成一个更加艰巨的挑战：一夜之间，强大的竞争对手连同充足的基础设施基本到位。全国各地大大小小的邮局有24,600家，比全国最大的7-11连锁便利店还要多一倍以上，日本邮便事业株式会社成为最大的连锁服务企业。

现任的大和控股总裁濑户薰回忆说："我们想尽一切办法，以确保在邮政民营化的大环境下有一个公平竞争的领域。但是我们还是要面对一个强大的敌人。尽管如此，我们有顽强的战斗精神，鼓舞士气，依靠公司的品牌，业绩不断上升。还有人说，我们公司一百年的历史使我们成为雄狮。我们不会被战败，整个公司团结向上，要打一个漂亮仗，一如既往长盛不衰。"

创造一个共生共荣的环境

2005年6月，小仓昌男逝世，享年80岁。一年后，指挥棒传到濑户薰手中。他具有与小仓一样敏锐的视野和开拓进取的精神，他制定新的战略，以创造新的增长点，继续保持大和在同行业领先的地位。他最早的尝试之一就是被戏称为"蜈蚣战法"的策略，旨在积极与大集团和公司客户加强业务联系，挖掘新的服务产品需求，增加包裹运送业务。

自2008年年底以来，全球经济不景气，大和包裹快递业务自1976年开始以来第一次遭遇衰退，使得众多分析家认为，该行业已进入发展的停滞期。当时正值网络书商亚马逊入驻日本，带动书籍及其他产品的家庭投递的需求，大和积极利用集团的优势，比如数码电子维修中心和邮件订单物流服务，不仅仅增加了大和的送货业务量，而且还缩短了交付时间。大和控股由各个公司处理一切业务，有

6,000名送货司机，将顾客在线购买或通过电视购得的各种货物从仓储直接运送上门，顾客以电子货币支付，基本上，大和控股就是这样收取佣金的。通过种种努力，大和希望带给顾客更多的便利，大幅度缩短交付时间，从在线下订单到交付，只需要短短的4个小时。

我跟员工讲，在整体消费水平下降的时候，要把顾客需求的多样化看作是巨大的商机。我们必须要正确对待这种需求，而且，要提高送货速度和服务质量以满足这种需求。

解决办法之一就是配送站点足够密集，从而缩小司机服务的覆盖面，以确保运送不超过10到15分钟的路程。建立这种服务网络可以保证日常速递可以在中午之前交付。但如果第一次递送无人接收，第二次递送也不会超过15分钟。

濑户薰说：

缩小每个司机的服务区域，必须要增加司机的人数。但是，快捷的递送服务为顾客提供了更大的便利，这样就抵消了负面影响，而且也可以减少所谓的"空转时间"，即车辆长途奔波却无功而返。让一个司机服务更大的地域，看似符合成本效益，事实却并非如此。所以，我们不断研究新的方法以生成效率，这对谁都有利。

如果说，大和在1976年首创的包裹快递市场经过多年的两位数增长，最终停步不前了，那么，下一个阶段的业务增长必然要依靠服务内容的革新，比如，更加专业化、定价多样化，或者是发掘新的市场需求。

濑户薰以及公司将来的领导人必须要像创业者小仓康臣和他的儿子小仓昌男那样，发扬大和运输公司的传统，即不屈不挠、无惧逆境的精神，才能阔步迈入 21 世纪。

结语：依旧领先，创新不怠

晚年的小仓昌男转变了大和运输公司（现为大和控股集团）的经营模式，主要向个人和小型企业提供门到门速递业务，这样就促成了像邮政服务一样无处不在的一种新行业。

公司现任总裁濑户薰于 1970 年加入大和，是早期参与开发"宅急便"业务最年轻的成员。当时，他负责开辟一组新的服务项目，比如"酷品宅急便"，就大获成功，使大和的业绩一路领先，至今依然。大和"宅急便"的成功主要是靠不断开发新产品，这个过程在濑户薰早期的职业生涯中具有深远的影响，构成了现行"蜈蚣战法"的核心，也就是积极在各个方向展开"手脚"满足新的市场需求，最终提高递送业务量。2008 年，濑户薰简明扼要地阐述了大和集团的形象："依旧领先，创新不怠。"

当时的濑户薰只有 27 岁，公司总裁小仓昌男就吸纳他加入项目团队，开辟日本最早的门对门速递业务。大和运输公司正处于艰难时期。1973 年和 1974 年的石油危机造成全日本的经济萎靡不振，以消耗石油为基础的日常用品严重短缺，超市门前经常排起长队。大和是一个严重依赖大宗货运的物流公司，目睹其财政收入大跌，小仓昌男看出，单靠这个日渐无利可图的行业，公司生存无望。

"无论怎么努力，也不能改善公司状况，那么，也该试试别的东西了。"

小仓制订计划，组成团队，建立配送网络，将小包裹递送往居家住户和小型企业，每单货运服务收费低廉，但是，收益的稳定性是可预见的。小仓的构想包括 5 个要点：

- 要针对数量不确定、但增长潜力巨大的个体"货主"（客户）及其货物；

5. 摆脱各种规范　处处为顾客设想

- 要站在客户/用户的角度思考所有事项；
- 要提供并保持始终如一、优质的服务；
- 要在本质上确保速递体系持久、逐步提高；
- 要永远致力于提高效率。

开辟门对门快递业务的想法，起初遭到许多人的反对，他们认为这是物流行业的噩梦，送货地点分散而且路远，小宗货运订单会消耗大量的时间和人力。这项服务的市场需求肯定存在，但只能由国营邮政部门和国有铁路公司来满足。然而，它们的服务水平有很大的改进空间。个人之间小包裹的寄送要用好几天，而且顾客要受种种打包规范的限制，既辛苦又麻烦。因此，向个人和小型企业提供私营的门对门递送服务，大和找到了获取优势的种种天然机遇。初涉这项业务，需要在居民区建立配送中心和业务受理处。要分派货车来往于私人家庭和当地小型企业之间收集、递送包裹。部分客户只需要简单打包一下就够了。第二天包裹送抵成为服务规范，并以地域远近确定收费标准。

新的业务一经推出，整个公司的命运都取决于这项业务成功与否。然而，第一天，大和只收到 11 个来电。一个月之后，公司的运送业务还不到 9,000 单——这个开端进展缓慢得真是让人沮丧。但是，那些体验过新型服务的人是被"次日送达"的保证吸引来的，他们发现这种服务很新颖，可以替代原来寄送包裹的方式。这种新的寄送方式方便快捷，经过口口相传，"宅急便"逐渐达到了临界客户量，大和继续开设更多的配送中心，扩大递送范围，提高取货送货的速度，因为服务永远都有很大的空间需要改进。

大和买进电视广告时间，投放广告，告诉人们有一种服务，一个简单的电话就可以把送货人员叫到家里取走包裹。大和不断地开发产品，坚持不懈地努力，最终取得了成功，因为顾客越来越了解这项服务，货运量开始成倍增长。

"我们不知道人们的第一反应是什么，"濑户薫回忆说。濑户薫曾经亲历过这一服务行业的开发，开设过许许多多的办事处。他的业务基地已经转往横滨，客户量的快速增长也让他感到惊讶。

"谁会想到这样的市场需求呢？"他沉思着这个问题。随着市场需求的增长，又发现了更多更大的市场，濑户薰的职业生涯不断上升，大量的时间都用于思考完善这种服务的方法。他调到九州岛南部的福冈之后，发现有大量客户急于把当地美食和特产——比如辣鳕鱼籽和手工制作的玩偶——寄往全国各地，送给朋友、家人和同事。

濑户薰一回到东京，就开发了一项冷藏物品递送服务，不管是冷藏还是冷冻的，都称作"酷品宅急便"。后来，濑户薰晋升为人力部门主管，又以物流环节为基础提出一套班次调度制度，以确保每个业务办公室在特定时间都有适当的员工人数值班，每个集散点都聘请兼职分拣工，不断精简流程以减少分拣工和货车司机的工作负荷。所有筹划都是为了确保提供更快更好的服务。

濑户薰上学时做过各种各样的兼职，包括临时工、木匠、报社勤杂工，甚至还做过百货店包裹投递员。他说，从这些工作经验中他了解到在该领域内个人才华和创造力的价值。即便薪酬再丰厚，也很少有人愿意固守一份单调的工作，那样就像是机器中的齿轮一样。濑户薰相信，工作要有一点点创意：这就有机会设想一些方案解决该领域内遇到的问题，而且，直接从客户那里获得对创造力成果的良好反应，这正是工作所以让人享受、给人回报的原因。直到今天，濑户薰依然高度重视"现场主义"（亲临现场或车间），将现场了解到的情况用作发挥创造性的基础，为满足新的市场需求或提高效率而开发新的产品和服务项目。"现场主义"是一条共同的理念主线，贯穿了日本最成功企业的经营史，而濑户薰提出的"蜈蚣战法"提供了一个上佳的实例。

大和为应对自2008年以来的全球经济衰退，利用其丰富的包裹递送业务知识，成长为一个处理综合业务的公司，融物流技术、IT与财经技术于一身，向商家和顾客提供在线订单4小时送达的快递服务，为企业提供全天 24 小时一年 365 天的仓储服务。

  2007 财年（截至 2008 年 3 月）结束时，大和 12,250 亿日元的营业总额中，门到门快递服务的营业额占 10,000 亿日元。但是，濑户薰与大和集团希望这个比例在来年能发生重大改变。

濑户薰的主要经营理念：
- 服务目标可能不确定，但蕴含着巨大的潜力；
- 要饱含热情，通过自己的努力取得成功；
- 要高度重视"现场主义"（亲临现场或车间）。

大和控股有限公司

创办日期：1929 年 4 月 9 日

濑户薰：总裁

总部：东京都中央区银座二丁目 16 番 10 号
   http://www.kuronekoyamato.co.jp/english/

资产：120,728 百万日元（财年截至 2009 年 3 月）

销售总额：1,251,921 百万日元

营业利润总额：55,720 百万日元

净利润总额：25,523 百万日元

员工：170,664 人

6

从日本的餐桌走向世界

茂木友三郎
董事长、首席执行官
龟甲万株式会社

  茂木友三郎生于 1935 年，1958 年毕业于庆应义塾大学，获文学学士学位；1961 年毕业于美国哥伦比亚大学，获工商管理硕士学位。1958 年，入职龟甲万株式会社，该公司由他的祖先筹建于 7 世纪。1995 年任总裁、首席执行官，2004 年以来任董事长、首席执行官。经济同友会（日本企业主管协会）副会长。现任 21 世纪日本国民会议联席主席、美国威斯康星州名誉大使、德日论坛日方主席、日美中西部协会会长、哥伦比亚大学名誉理事、庆应义塾大学理事。茂木友三郎因所取得的成就于 1999 年获日本蓝绶褒章，2003 年获荷兰王国奥兰治拿骚皇家勋章。

万能的调味品

17世纪中叶到18世纪中叶的100年之间，日本千叶县野田市由茂木和高梨等家族主导的酱油生产进入繁荣期。野田市是交通要冲，有两大水系在此交汇：利根川与江户川，这有利于船运和食品配料的运输，同时，批量的产品可以运到附近的江户以供大众消费。

1917年，茂木、高梨和堀切三个家庭合并企业，建立野田酱油株式会社。每个家庭都有各自的酱油品牌，但是他们决定使用当时最具盛名的品牌，龟甲万。

酱油的起源要回溯到6世纪，当时的那种酱油是从中国带到日本的。中国生产的酱油原材料只有大豆，相比之下，日本酱油还包括小麦，这就增添了独特深厚的香味。随后的几个世纪里，独特的日本酱油文化得到了发展。

直到1647和1668年间，日本才开始出口酱油。当时的日本酱油装入停靠在长崎的荷兰船只，驶向印度。历史资料表明，日本的酱油出口得益于荷兰东印度公司。当时的日本政府强制执行了长达二百年的闭关锁国政策，对外贸易只向荷兰开放，而且，只允许使用长崎的港口。

当时的文献表明，与荷兰的贸易往来也是微乎其微的，所以，把酱油带出日本的机会极为有限。销往北欧的酱油，这个日本的舶来品被冠以"液体香料"的名号。而东印度公司给荷兰带来充分的机会接触各种各样的香料和调味品，其中，特别是酱油，在荷兰大受欢迎。

后来，日本人开始移居海外，先是夏威夷，后是旧金山，乃至于美国整个西海岸，因而，酱油销往海外的数量有增无减。1945年，日本在太平洋战争中失败之后，美国侨民和盟军中的美国士兵喜欢上酱油的味道，回国时总要带上一些。

酱油能够激发肉食中的自然风味，很轻易地征服了美国人的口味。龟甲万租下旧金山一家日本百货公司的店面，开办了一家临时的"寿喜烧餐馆"。于是，店前排起长队，《旧金山纪事报》刊发头版标题新闻，把龟甲万酱油描写为"万能的调味品"。

一位龟甲万的代理商读到这则不无夸张的报道，为之所动，决定把该新闻标题当作产品标语。从那时起，"万能调料"贴到了国内外的龟甲万酱油瓶上。

茂木友三郎的说服力

对龟甲万畅销全球贡献最大的那个人是茂木友三郎，八个创业家族的后裔之一。青年时代的友三郎就表现出极大的商业热情，只要能拿到手的管理学书籍他都读。上大学时，尤其喜欢奥地利经营大师彼得·F. 德鲁克的著作，对德鲁克强调个人消费的观点深有感触。

茂木友三郎在东京庆应义塾大学一毕业，就入职于家族企业野田酱油株式会社（即现在的龟甲万株式会社）。他渴望在商业实践和教学最好的学校学习经商，于是便到美国哥伦比亚大学商学院就读。1961年毕业，成为第一个从该学院获得MBA学位的日本人。

茂木友三郎很早就形成了自己的经商理念：

> 朝着一个目标努力，绝对必要的是，你要能够说服别人，首先是公司内部，然后是公司外部，要让他们相信你目标的价值。这绝非易事。人们已有了固定的思维模式，说服他们有难度。因此，我认为，说服能力主要取决于表现能力。要取信于人，必须要明确地传达信息、观点，人们能听明白，而且会情不自禁地点头称道。此外，你必须非常清楚自己想做什么、需要做什么，必须要牢牢地把握全局。

茂木友三郎利用自己的表现能力让美国消费者睁大眼睛了解自己的产品。他带着燃气灶进入超市，将牛肉切片，佐以酱油，送给逛商店的顾客。茂木采用了各种演示方法，比如以这种直接与顾客交流的方式，传授用"酱油"做菜的方法，这就相当于对顾客直截了当地说，"这是送给您的。您觉得味道怎么样？"几乎所有人都品尝了样品，茂木说，大家都心悦诚服地走开了。很快就卖光了带去的所有现货。

茂木向世界推销一种风味独特的日本调味品，取得了成功，他本人也赢得了世界的巨大关注。人们常常找他，求取经商的真知灼见，他坦率地说：

> 经常有人请求分享我成功的秘诀，以龟甲万的经验为基础，谈一谈全球性的公司如何取得成功。我只得直言不讳地讲，制定成功的全球战略没有特别的技巧，也没有按部就班、可以效仿的诀窍。我们只是在反复尝试的过程中每次采取一个步骤解决问题，其结果是可能打开新的门径、也可能一无所得。但有一件事我可以说，就是只要发现良好的机遇，我们从来不会错过。只要有一个明确的目标，就能发现许许多多的机会去实现它。

自2000年以来，特别是2008年全球经济衰退以来，大多数日本公司已经将全球化经营视为新的生存的必要条件。但这不是企业轻易就能调整的一个方向。公司必须有能力培养那种可以在全球经济舞台施展手脚的人。到海外与外国对手竞争，吸引外国消费者，这需要耐心和开放的心态：

> 龟甲万在美国取得成功之前，我们实际上已经针对居住在夏威夷的日本后裔展开了海外扩张的行动。我们确实没把

它当成真正的海外销售，更算不上是出口业务。这更关乎私人关系，规模有限，算是营销远征吧。随着时间的推移，我们的产品开始得到来日本访问或工作的美国人的关注。我们看到，产品的潜在市场需求令人振奋。1950年代中期的美国就是这样一个令人敬畏、巨大的经济驱动力。我们可以看到一些迹象，这样庞大的一个市场可能非常欢迎我们的到来。

龟甲万在旧金山成立销售公司，经证实，这是在全美国范围内扩大经营基地的一个重要跳板。

交流与合作的重要性

飙升的油价重创了全球经济，对自然资源匮乏的日本来说，其影响尤具破坏力、更为普遍。2008年全球金融危机期间，价格高昂的原油抬高了日本的食品价格，茂木友三郎一直深切关注消费者的需求，经济危机更是增强了他的消费意识：

> 现在，日本卷入通货紧缩的漩涡已超过十年之久。突然间，商品与服务的价格上涨又是不可避免了。这在美国相当普遍，但还没到消费者太过关切的程度。日本人却视之为头版新闻呢。每个国家都有各自思考价格的方式。因此，我们非常需要与所有利益相关者、从消费者到零售商共同面对时局，所以，相互理解必不可少，不能单方面强行改变价格。

茂木认为，简单地将上升的成本转嫁给消费者，客户流失会很快。因此，必须在公司和客户之间展开对话，商讨提高价格的必要性：

企业不能单方面采取行动，就指望消费者长期购买他们出售的产品和服务。彼此必须要有交流。龟甲万酱油在全世界有七个生产厂家，产品销往一百多个国家。我们出售酱油，同时也赢得消费者对一部分日本日常生活的接受。家庭成员食用酱油，也是一种文化的交流。只有进一步改善这种交流，才能实现文化价值的交融。因此，它总是提醒我们要增加与消费者的接触，促进文化交流，要认识到这些做法的重要性。

不要落入传统的窠臼

许多日本企业都面临着严酷的现实：国内需求不断萎缩。但是，这并不意味着公司业绩肯定缩减。总有办法提高营业额。2008年4月，龟甲万的新总裁染谷光男上任，他很快就阐明了公司的发展战略：

消费者已经知道而且也期待龟甲万生产良好的产品。换句话说，龟甲万还不足以让他们品尝到好味道。我们需要进一步提升产品的价值。有一点特别重要，大批消费者承认我们的产品不但美味，还有别的东西。

如果从我们公司在这方面所做的种种努力中选取具体的实例，那么就是我们正在做的产品，它关注消费者日益强烈的健康意识，特别是因为政府强制实施更多的国家标准化卫生检查。

我们生产的德尔蒙牌蔬菜汁与纪文食品化学家株式会社生产的豆浆都是很好的例子。我们认为，这些产品的市场需求将来会增长得更快，我们也要助一臂之力。

龟甲万在海外取得成功比较早，并不反感战略并购的想法。但关键词是"谨慎"：

> 是的，我们当然一直在寻求公司之间强大的协作。但我们公司买进一个毫无关联的企业带来的风险太大。我们只是想设计一个并购方案，促进我们在酿造与发酵方面的核心业务和专长。我们保留重点，就可以扩大现有的能力和机遇，从核心内部增强品牌的实力。

2007年，龟甲万已在美国经营了五十年。该公司依然保持强劲的赢利和增长势头，不仅销售酱油等调味品，还销售其生物技术部门生产的膳食补充剂和酶。龟甲万对欧洲也寄予了很高的期望，其产品销售一直保持两位数的速度增长。在该公司《2020年全球展望》中，染谷光男阐述了他的雄心壮志，要把市场范围扩展到中欧和东欧，也包括俄罗斯在内：

> 我们的欧洲战略尚处于酝酿阶段。我们希望酱油在欧洲市场上将发挥越来越大的作用，最终取代其他传统的调味料。要做到这一点，我们需要提高其知名度。我们正在尝试的一个方法就是专注于那些使用酱油或与酱油相关的产品，如红烧酱油等。我们期待以这种方式扩大市场。

龟甲万一直致力于扩大全球影响力和国内外产品的多样化。该公司享有盛名，是因为龟甲万是最早将产品销往海外的食品公司之一，那时，全球化问题还少有人谈及。龟甲万有近一半的收入来自海外，实际上，海外消费比日本本土还要高。但随着国内竞争对手开辟各自的国际市场，重要的食品公司扩大经营规模，龟甲万在全球战略和本土战略中优先考虑多样化。龟甲万早就知道，不能只依靠酱油销售。出于这个原因，早在1964年就成立了曼斯葡萄酒公司，开始酿造葡萄酒。龟甲万研发了许多浓缩食品，贴上德尔蒙的标签，在日本，德尔蒙已经成为像龟甲万一样家喻户晓的名字：

> "多样化"一词用起来简单，但思考这个问题就复杂多了。当然，你可以这样思考问题，提出一系列利益攸关的问题，比如：我们可以利用核心业务争取协同作用吗？或许会有交叉干扰呢？我们可以利用现有的经营策略吗？我们早就决定不再仅仅做一家酱油公司，但仍然要专攻调料和食品生产。我们发现，在追求多样化的同时，已经清楚酱油在多大程度上已成为餐桌上的常备品。龟甲万酱油在一百多个国家有数以百万计的人食用。它已成为整个世界的调味品。

结语：忘却民族性，尝试普遍性

龟甲万的历史可以回溯到1661年，是日本现存最古老的公司之一。最初，是八个家族经营的酱油业务，其产品迅速成为日本人的饮食中像大米、蔬菜和鱼一样不可缺少的东西。其悠久的历史过程中，龟甲万能够不断增加销量和收入，这并不是仅靠向日本消费者出售普通的家用产品，而更多的是靠勇于进取的海外营销策略，一开始就占领了最大的市场：美国。在早期，龟甲万酱油可以说是万能调料，适用于肉类、禽类和鱼类等菜肴，该公司努力争取全球消费者的理解与关爱，积极筹备于1972年在美国建立了一家酱油酿造厂。

"我记得《华盛顿邮报》东京分社社长来访问我，他说，到了日本之后，才知道龟甲万是一家日本公司。这正是我想听到的话。"龟甲万首席执行官茂木友三郎沉吟道。

茂木友三郎在美国攻读MBA学位时，有空就去各大卖场，看看是否出售龟甲万酱油、产品如何展示、观察谁在买、还买了其他什么东西。

公司开展了各种宣传活动，包括在超市烹调牛肉片，浸一下酱油，用牙签插送给消费者，或者在家庭主妇最有可能看电视的时间段，购进广告以介绍如何用酱油快捷简便地烹制食物。酱油逐渐进入到美国市场和美国人的意识之中。茂木回国后，率先倡议在美国本土生产龟甲万产品，随后在欧洲和中国设立生产厂家。茂木曾在美国接受教育，非常坦率地支持西方理性的企业管理方法，如放松管制，高管薪酬采用风险和激励机制。他特别引以自豪的一件事是，由于龟甲万在美国和其他地区抛弃了公司运营的日本文化根基，消费者忘记了这是一家日本公司。

位于美国威斯康星州沃尔沃思市龟甲万酱油公司的门前，旗杆上有一面巨大的美国国旗在风中飘扬。龟甲万是最早放弃在较大的外国社区内为日本员工和公民创造飞地的日本企业之一。相反，它想深深扎根于海外，与当地居民做邻居。

有时，龟甲万决定在非常保守、以农业为基础的社区扩大海外业务，也遭遇过一些对立情绪，主要是不了解实情，唯恐种植大豆会破坏土壤。茂木友三郎公开巡访了那些社区，挨个握手，拜访私人家庭和组织，真诚恳切地阐明自己的意图，打消破坏土壤之类的传言，最终赢得了尊重和理解，哪怕是那些最难对付、最难接触的乡村人物。由于有过这种经验，茂木更坚定了自己的信念："没有什么是命中注定的，不要给自己留有余地，要冒冒风险。"

茂木友三郎的主要经营理念
- 如果目标明确，你会发现大量的机会。
- 尽可能以当地的方式发展业务。
- 不要给自己留余地，要冒冒风险，没什么了不起的。

龟甲万株式会社

创办日期：1917 年 12 月

茂木友三郎，董事长、首席执行官

染谷光男，总裁、首席运营官

总部：千叶县野田市野田 250

　　　http：//www.kikkoman.com/

资本：11,600 百万日元（财年截至 2009 年 3 月）

销售总额：412,649 百万日元

营业利润总额：20,368 百万日元

净利润总额：2,746 百万日元

员工：5,226 人

7

适应信息技术革命　创新实体经营策略

柳井正
创办人、总裁、首席执行官
迅销有限责任公司

  1949年2月生于日本山口县，毕业于早稻田大学政治经济学院。在超市连锁店吉之岛（永旺零售有限公司）工作九个月后，才到他父亲的公司小郡商事男装店工作。1984年接手该公司的管理工作，易名为优衣库（意为"独特的服装仓库"）并在广岛市设立旗舰店。1991年再次更名为迅销，并于1999年在东京证券交易所市场一部（必须是大公司）上市。2009年，柳井正的净资产约有61亿美元，名列"福布斯"日本富豪榜榜首。他代表了日本企业管理不断变化的面孔。

青年时代看不到经商的好处

柳井正的职业生涯之初并不是多么光彩照人。那是一家男装批发零售商店,是他父亲的企业,位于日本本州岛南端一个宁静的小镇上。柳井正在成长的过程中亲眼目睹了父亲的经营工作。跟多数孩子一样,柳井对父亲的工作没有特别的兴趣,甚至大学毕业后,从来没想过自己要接管家族企业。

柳井上面还有姐姐,不过,他是长子,按照传统,就得继承小店经营权,承担长子的"责任"。但是,了解柳井正少年时代的人都知道,以他的个性似乎根本不在意这些过时的条条框框,也不会屈从这种压力,再者,父母也不勉强他。

况且,柳井还能找到理由远离父亲的企业呢。这倒不是因为他根本不受家庭的约束,而是因为他从来就不怎么赞同父亲的管理理念。它似乎过于关注赚钱了。

"一个企业如果不赚钱,像一个人没长脑袋一样,"父亲说过。柳井发现这句话让人厌烦。在成长过程中,他感受到父亲的企业对日常生活的影响,对于商业,如果没有什么好印象的话,那就是刻骨崩心地厌恶了。

"我反感父亲的经营方法,"柳井正回忆说。"这可以归结为年轻与叛逆。但那肯定不是我想象中的职业生涯。事实上,那个世界根本引不起我的激情。"

柳井认为,家乡缺乏与外界交流的刺激,这是他心灰意冷的一个原因。山口县的人口密度在日本的都道府县中处于下游:

> 实在是无所事事,也没有东西能激发远大的梦想。我常与朋友聚会,搓麻将打发时间。有时,一玩就是三天,连眼都不眨。我不觉得那是虚度光阴。我还年轻,无忧无虑,却

缺乏动力。对未来没抱特别的希望，也没有远大的目标，我可以过得简简单单，不用多想，也不用做事，反倒是心满意足，这真是好极了。

与今天的柳井正相比，似乎是不可同日而语了。他在工作上是一个强硬的领导者，决不容忍那些不忠于职守、缺乏工作热情的人。柳井说话是出了名的直来直去。人们经常看到这位总裁当面训斥员工懒惰、缺乏动力。对许多了解他现状的人来说，柳井的青年时代胸无大志，简直不可思议了。

"我原以为有些事得来全不费工夫，"柳井正回忆说，"但根本没有这种事。我毕业时只是学会了打麻将、玩爬金库（一种赌场风格的弹珠游戏）。我不是特别喜欢赌博。只是因为没有别的事可做。"

大学毕业后，柳井正回到家乡山口县，他认为，如果是打发时间，乡村比东京要便宜。他设法在吉之岛（现在的永旺集团）连锁超市找到一份工作，但不到一年就辞职了。柳井不是要强迫自己确定人生方向，而是对人生采取一种观望的态度。这是他回父亲的商店里做雇员时的心态。

不用说，这正是他一直在寻找的关键转折点，而这个人生转折就在家里发生了。这是柳井正第一次认真思考父亲为了生活所做的一切，但还是心存疑虑：

> 一到父亲的商店里工作，就与我以前在吉之岛的工作相比较。虽然在那里没干多久，仍然受到了彻底而严格地训练，值得庆幸的是，这段经验使我获得了足够的洞察力和不同的视角。我发现，父亲的经营方式与吉之岛大相径庭，也相当低效。就在那时，我意识到父亲根本赚不到钱。他的经营方法存在着巨大的浪费，简直就是直接损失了。真是让人瞠目结舌啊！但，始料未及的事还在后面。最终我原原本本

地当面告诉父亲，我认为他在经营上犯的所有错误。他坐在那里静静地听着。我刚刚说完自己的想法，他站起身，递给我公司的注册印章，说，"这商店是你的了。"

就从那一刻起，柳井的内心仿佛点燃了一团火，一心一意地学习服装企业的相关知识，学习企业运营的知识。他贪婪地阅读松下电器创始人松下幸之助、本田汽车公司创始人本田宗一郎的著作，尽管这些人来自不同的行业。柳井正需要学习大公司的管理理念：这些公司对世界的影响是非常深远的。

"我决心为每一天都设定一个目标，把所有东西都记下来。"柳井回忆说，"我看到运营好坏都有循环的模式，对于结果学习得越多、理解得越透彻，对经营理念就越有兴趣。"

柳井正很快就明白自己可以怎样经营，其中包括健康的好奇心。他不断思考的最大问题是，侧重于男装，尤其是西装，是否有意义。他暗暗地形成一个卖休闲服装的想法。他认为，该领域取得成功的概率要大得多，机会也非常多：

> 转营休闲服装，将扩大客户群。大家都穿便装。我们不会把便装当成杂货一样的家庭消耗品，但这种每天都在使用的产品潜力更大。

公司转营产品，需要有一个引人注目的新名称，柳井正为之取名"特优衣饰仓库"（简称"优衣库"）。现在，他利用更普遍的兴趣，构想新的经营策略，不断思索，不断产生新想法，似乎消极懒散的日子一去不复返了。

由产品加工到产品创新

"价廉即物不美"这个看法在对质量敏感的日本消费者中非常

普遍。"如果产品价格低廉,"柳井正指出,"必然出现不利因素。因为价格与质量有直接关系。"

柳井一开始卖休闲装,客户的反应肯定就是这一点。另一方面,客户也追求性价比。如果可以买到比市场价格哪怕只低一日元的高质量产品,他们也会买的。"哪怕性价比是一个艰难的挑战,也非常值得追求。"

柳井正的优衣库打入市场时,已经有很多大型零售商家冲锋在前,采用薄利多销的零售营业模式。1990年代初,日本资产泡沫破灭,陷入长期的经济衰退。这削弱了消费者的信心和购买力,迫使许多人避开奢侈品牌,尽其所能去找性价比更高的商品。大众市场的百货商店运营商,如大荣、伊藤洋华堂商店,都想利用这种趋势迅速开设新店,扩大营业面积。国外各大专卖店,比如美国衣饰零售商GAP,也大举进入曾经望而却步的日本市场。

但是,这没能拦住柳井。相反,他采用购进大量畅销产品的策略,而服装制造商往往会过量生产畅销货商品。他也绕过很多中间商,直接从厂家采购。这不仅节省了时间和金钱,但也使柳井得以与时尚实时同步,并专营库存周转快的商品。

在合适的时间合适的产品储备充足,所需的就是持续不断地开展营销活动,这样,柳井正就可以建立强大的消费群,并得到他们的支持。优衣库需要为自己开拓出一个利基市场;树立一个概念,要使公司品牌独特、容易辨识。这一概念要具体化为一种经营方法,即,只大量存储各种各样的流行时尚产品;然后,以低于市场均价百分之十到二十的水平出售给消费者。

柳井正借助这种模式取得了成功,进而产生动力,向大众市场的时装业发起全面的进攻。日本各地开设新的优衣库商店,柳井正努力克服诸如精简现有分销渠道等策略造成的发展困境,同时,他也认为有必要建立产品组合,并使之多样化,从而避免公司成为昙花一现、只会一招的小马。

这是他在日本海彼岸得到启发：中国的劳动力价格低，成本低廉。借助中国工厂的生产能力，获得优衣库必需的机会，生产自己的服装：这是公司发展所必需的下一个步骤。

出售别人的产品，与客户真正的回旋余地只有定价。与竞争对手相比，出售同一款商品你能便宜多少？那些更便宜的价格在消费者心目中成为标准之前，你只能期待维持长时间的优势，或者尽量避免较高的物价降至低于消费者期望值的水平。因此，我们知道，如果能生产销售自行开发的产品，这就在价格之外为综合优势再增加一种客户的价值主张。

果然，一旦价格趋于平稳，柳井正把注意力转向标新立异。优衣库能否真正彰显自身、能否为其产品在价格之外创造其他刺激消费的兴奋点？能，好的产品设计就是重中之重。还有实用性。预计这些服装会得到消费者青睐。因此，柳井正及其团队就着手寻求新的思路。

优衣库的经营范围已覆盖全国各地，但尚未打入最大的市场：东京。2001年秋天，开设第一家路边小店六年以后，柳井正式将公司名称由小郡商事更名为迅销有限公司，这是一家控股公司，其中，优衣库是其旗下主要的子公司。随着迅销，特别是优衣库服装品牌，开始引来更多的关注和媒体报道，迅销在东京亮相成为定局。但柳井正想明确一点，进入东京的时机成熟时，他有没有制定适当的战略。只是在东京开设几家商店，并不能达到他的要求。他需要一个全新的产品，能引起轰动，能成为连续行销数月的一流产品。这是他得知从回收的塑料瓶提取出优质材料时的想法。

柳井正发现抓绒可以作为打入东京市场的入场券。这种新材料是柔软、轻便，非常保暖，正是优衣库冬季打入东京市场所需要的。于是，柳井正着手部署在产品中广泛使用抓绒。这是一个空前的成功，超出所有的期望，使优衣库的大都会首战获得十亿美元的收益。抓绒产品，正如所希望的那样，成了长期畅销货。开店数小时内所有现货就脱销了。一时之间，抓绒产品与优衣库的品牌名称密切地融为一体。柳井也因为人坚毅、长于战略规划、勇于冒险而大获声名：

> 这样做，或成功或失败，都有很大的可能性。但是，第一重要的就是接受挑战。你可以失败多次。只要不为失败所阻，能够重新振作，再整旗鼓，就很好了。如果信念坚定、目的明确，一再尝试，你应该具备最终取得成功的所有条件了。

优衣库的表现力

优衣库与众多行业先驱和竞争对手的不同之处主要在于，商店中摆放展示商品的方式。例如，许多品牌的冬装只不过是"稳妥"的黑色、白色和灰色，相比之下，优衣库的门店都绽放出明艳的色彩。店里都经过精心布置，地板上一排排一架架，彩色编排得当，顾客选货得便。进了优衣库，感觉像是进了糖果店，让人心跳不已。店子里生机盎然，打破了大多数服装店那种呆板、单调的氛围。

优衣库店面布局的另一个关键因素就是女装和男装有意安排在同一层楼配售。百货大楼恰恰相反，男装部、女装部都位于不同的楼层，无一例外。虽然合乎情理、也许方便，但要是全家人一起来购物，就不那么实用了。妈妈在女装部楼层四处翻找、购物，爸爸和孩子为等妈妈，大部分时间就得在无聊中度过。妈妈在女装部用的时间越长，到男装部或童装部用的时间就越短。通常情况下，全家人去吃午餐就得停止购物，没逛完整个商店就得筋疲力尽地回家。

优衣库的营销策略就是只有一个宽敞的楼层，这样，全家人可以同时购物，不会有"下次再给爸爸买东西"的反应了。起初，仅在一个楼层上搜购到所有东西，似乎是无法想象，但这种战术确确实实推动了优衣库的销量。

优衣库刚刚打入全国市场的时候，消费者唯恐便宜没好货。但该公司的广告宣传已给大家不可磨灭的印象。特别是优衣库的电视广告，完全不同于过去的国内服装制造商。

电视广告是臀部特写，真是色彩缤纷、魅力四射啊。有的配以富于感染力的音乐，观者随之律动；有的则只配以深深的呼吸声和窃窃私语声。所有广告都充满动感的能量，几十个快乐的模特跳着舞走过镜头，或固定镜头拍摄一位高知名度的名人，而这位名人只是舒舒服服地坐在那里。

优衣库广告最成功之处就给予其产品一种高端的感觉。正当你想知道广告讲的是什么产品，鲜明的品牌商标就出现在屏幕上。商家希望观众马上产生的反应是："什么？那个模特穿的是优衣库吗？"广告结束时用粗体打出价格：一条牛仔裤1,980日元（合20美元）。所有这一切都有效地吸引了消费者对该品牌的注意力。

优衣库提高产品公众形象的攻势采用的策略是多方位的，是关乎价格、材质、质量或广告的。短短十年内，柳井正将迅销（和优衣库）提升到日本顶级公司的地位。行业观察家甚至已经开始认为，优衣库"这个公司有朝一日最有可能取代丰田占据日本企业的首位。"

2008年11月，日经BP咨询公司针对1,500种品牌展开调查，对象是广大消费者和商人，其调查报告"2009年品牌日本"表明，优衣库排名第七，领先于丰田。2007年，优衣库排名第五十二。2008年排名第十二。到2009年，优衣库已成为全国十大品牌之一。

柳井正的公司大张旗鼓地宣传要拓展海外市场，努力在公众的视线中保持一个强大的网络形象，源源不断地生产引发轰动效应的产品。到目前为止，迅销顶住压力、加大强度，在消费者中树立一个整体良好的形象。性价比最高。而柳井正在准备下一个大动作的同时，也孜孜不倦地保持该品牌在民族意识中的生命力。

建立一个独特的在线购物网站，是优衣库成功的另一个关键，这可与实体店成功的经验相媲美。优衣库供货充足、选购便捷、价位低，这是人们网上购物时所期待的，加之，互联网宣传、每周活动，以及各种创意促销，都提高了网络购物的享受。尽管该公司不断扩大实体服装店的数量和规模，仍然有许多人居住在无法前往实体店购物的区域。这就是开设网络商店的益处，在人口较少的地区开设实体店之前先持续有效地建立市场需求，从而减轻经营扩展太快造成的风险。

优衣库是利用网络零售服装较早的商家。大多数竞争对手推出购物网站之前，优衣库就已积累了大量数据和运营知识，其注意力的重点放在改善购物体验上了。因为消费者很快就精通了网络知识，而且对网上购物的方式方法也很挑剔，优衣库在虚拟世界的领先地位，使它得以集中精力总结经验，更好地体现、增强品牌的实力，与现实世界的努力方向一致。

不要让失败阻挡你

人们往往把迅销当成一个精力充沛的暴发户，一夜之间大获成功，因为迅销相当年轻，而且发迹于农村。但是，柳井正迅速扩大经营的动力与新颖的营销策略也有过事与愿违的情况。迅销曾经高调地打入英国市场，却遭受了重大损失。现在，该公司又一次全身心地投入到扩大海外市场的行动中。

迅销公司努力不懈地追求海外的成功。该公司已经跻身为世界第七大服装零售商。显然，柳井正的目标更高。他想与美国 GAP、有限品牌和世界排名第四的瑞典服装巨头海恩斯莫里斯（简称 H&M）之类的公司相比肩，他说："我们要发展成为一个收入达万亿日元的公司。"

如果优衣库想要突破万亿日元的收入大关，就会发现离世界前三名不远了。现在还有数亿日元的差距。但有一点是肯定的，柳井正认为优衣库发展为一个全球性的公司，才算成功。到目前为止，它已证明有能力克服经济衰退。该公司截止于2009年8月的财年度，营业利润上涨了24%，创下1,086亿日元的记录，集团销售额攀升17%。这发生在许多人称之为百年来最严重的经济衰退时期，而且，大多数零售商处于挣扎之中。柳井正将成功归结于拳头产品和高性价比，这对于囊中羞涩的顾客来说很重要。如果9月份销售同比增长30%说明了什么的话，该公司预计2010年是同样发展强势的一年，"我们专注于生产好衣服，"柳井正对记者说。"消费者看重我们的高附加值产品，因为产品满足了他们的需求。"

海外扩张、并购和合作

如果迅销公司希望到2010年本集团赢利达到既定目标一万亿元日元，2020年以前达到五万亿日元，那么，这种增长只能来自海外。日本本土仍占优衣库销售额的近90%。虽然该公司在美国、英国、法国、中国、韩国、香港经营店铺，现在也在新加坡开设了商店，营业利润率仍只有约16亿日元。

战略重点的一大部分，将放在新加坡，优衣库的淡滨尼1号店盛大开业。

"首先成为亚洲第一，现在是成为全球第一最直接的路线，"柳井正宣布。

柳井正认为，新加坡是东南亚的运营中心，也是业务扩大到整个东南亚的发射点。所以，先是新加坡，然后是亚洲其他国家。

迅销在2009年10月初宣布，计划在2010年春天要在上海建立最大的优衣库商店。这个亚洲的扩张计划表明，迅销期待着进入高速发展期。上海的这家特级大卖场将定位为"全球旗舰店"，该公司将全力以赴在中国一年之内建立100个经销店。同年春天，莫斯科第一家优衣库门店开业，这是该公司向既定目标迈出的重要一步。其目标是在全球建立4000家分店。

在早期的国内扩张计划中，迅销与房地产公司"大和房屋工业"合作。柳井正认为，房地产公司具有广泛的覆盖范围，与它们合作，他就能更精准地制定优衣库门店扩张战略。

这样，优衣库在新加坡联手房地产公司"永泰控股"，就有望获得当地市场状况和发展趋势的准确信息。然而，柳井正并没放弃敢于尝试的习惯。新加坡全年都是热带气候，但他还打算出售优衣库在日本卖的那种冬装。有些人可能会称之为蠢事。柳井称之为实验：

> 是的，我们要尽量使用当地采集到的信息，但因为这是我们在新加坡的第一家门店，我们想实地测试一下产品，看看能卖什么不能卖什么。

这种方法反映了柳井正信心十足呢，还是怀疑自己太过相信别人说的话呢，这并不清楚，也许两个都对。但有一件事，揭示的正是柳井正相信提出疑问是有价值的。这个看法得自于失败的经验。由于消费者对产品的关注时间太短，2001年的"优衣库潮"迅速失败。从此，柳井更加小心，要避免重蹈覆辙，不要让他的公司只是昙花一现。

优衣库的设计质量很高，但大多数衣服沦落到所谓"基本功能"的范畴。这意味着优衣库是相对不显眼的服装，如内衣或T恤，只能是整套服装的一部分。迄今为止，这个品牌已得到广大顾客的支持，但始终是有风险的，人们会突然产生厌倦情绪，或是感到尴尬，因为穿了很多跟朋友和邻居一样的衣服。

通常情况下，日本主打产品的畅销与滞销周期极短。一款产品就像名人，知名度可能迅速飙升，遗忘来得一样快、一样突然。柳井对此有切身的体会，这给他的管理理念注入了一点必要的偏执心态：

> 经营一个企业，感觉往往就像垒沙堡。如果不时刻保持警觉，突然一个浪头打过来，就把沙堡冲走了。从生产到商店销售，哪怕是最小的问题也不能忽略。

还有一个原因是，海外扩张对于取得长期的成功来说是非常重要的。这样做，不可避免地要涉及战略并购问题，这将巩固一个强大的全球地位。迅销在 2007 年收购巴尼斯纽约百货公司时，大败给总部设在迪拜的投资公司"投资世界"。如收购成功，迅销的赢利会马上接近万亿日元的目标。

优衣库被迫撤回，并重新考虑其战略，收购巴尼斯的经验确实能给公司带来一些全球性的知名度。这是日本的第一服装品牌，确实表现出了参与全球竞争的意愿和斗志。

当然，长久以来享有国际声誉的日本服装公司，大多数只专注于制造和销售。然而，迅销显然有其思维定式，就是要发展成为更大的公司；一个真正的全球性品牌可以利用其普遍的吸引力创造新的生活价值。优衣库自 2009 年起在国内开始逐步实现了这一雄心。

优衣库所做的种种努力引来很多关注，其中之一，是 2009 年 4 月东京繁华的新宿站西侧"超级大卖场"的开业仪式。此前的几个月，有关"超级大卖场"的种种议论在开业当天就引来大约 400 人在门外排队，尽管那天是一个工作日。进入卖场的名额有限，这一事件引来了媒体的报道：

> 优衣库的竞争能力令人瞩目，它利用保其特有的、多管齐下的方式攻入服装零售市场，始终保持并激发消费者对其产品的兴趣。这一次，是在新宿区的中心地带开设其有史以来规模最大的门店，推出一系列高质的 T 恤，售价仅 990 日

元（合 10 美元），引起不小的轰动。——《日本经济新闻》

为进一步推动国内的销售业绩，优衣库宣布，将银座门店营业面积扩大一倍半，超过 24,500 平方英尺，直接与主要外国对手的大型独立店展开竞争，那些对手包括瑞典的 H&M、美国的 Forever 21 与西班牙的 Zara。

《日本经济新闻》6 月份公布了 2008 财年顶级产品的受欢迎度，将两个"业绩辉煌的冠军"当中的一个命名为"快速时装"，这是"快餐"一词戏谑的派生物，用以形容大受欢迎的大众市场服装连锁店，如 GAP、H&M 和优衣库。

迅销公司还推出了"女装概念店"，这是一家专营女装的门店，主要针对年轻女性消费者群体中不断变化的时尚潮流，其目的是充分利用对时尚潮流的那种快如闪电般的感知，赶在竞争对手之前，发售新的产品系列。柳井正签署了一桩非同寻常的交易，与世界著名的德国设计师吉尔·桑德合作在 2009 年秋天推出一个新的品牌。像这样的合作，是迅销公司除并购活动之外提升其品牌形象、品牌资产和全球知名度的一种方法，是集团公司突破一万亿日元大关的基本要素。

在消费者高度集中、大都市地区建设已计划好的 200 家大型商店，会进一步加快国内需求的激增，优衣库新店开张总会激发市场需求。尤其是消费者都力求自己的货币价值最大化，在这样的经济环境下，迅销实际上长于以消费者大拣便宜的价格提供优质的商品。但是，它仍然需要利用全球化的动力，开拓进取，实行强劲的收购措施，进而成为全球经济有力的竞争者。

迅销集团的企业宗旨说："改变衣着，改变常识，改变世界。"这个宗旨所阐述的使命就是，一方面，创造真正伟大的服装，要附以独一无二的新价值，这样就可以给世界各地的人带来欢乐、幸福和满足感；另一方面，要力求公司的壮大与发展，保持与整个社会的一致，以提高人们的生活水准。

迅销被吹捧为有可能"超越丰田成为日本企业的招牌"的公司,这可能还是媒体夸大其词,然而,迅销的任何重大举措,都会当作头条新闻予以刊发。事实上,柳井正和迅销都有表演的天赋,然而该公司的企业宗旨后半部分也表明致力于提高商品价值的决心。

比如,优衣库实施"所有产品回收计划",鼓励客户把不再使用的商品送回商店,或捐赠给难民营、或再加工成工业用纤维,或是回收并用于发电。2008年,优衣库回收了134万件旧衣服,反映出公司自觉的责任感,以保证其产品价值贯穿始终,没有浪费任何东西。

结论:执行"一切会更好"的变革

> 企业永远是一个反复试验、不断摸索的过程,要经历无数次的失败。错误是运营的一部分。十件新事物中,九件会失败。商业格局变化之快令人头晕目眩。确保公司生存的同时,跟上商业变化的步伐,意味着要自愿不断地改革整个公司,保持增长。增长是公司存在的理由。

这段话出自迅销创始人、董事长、总裁兼首席执行官柳井正的著作《一胜九负》。优衣库成为日本最大的公司之一,其信条就是不要掩盖失败,要把失败当作知识资产应用于今后的工作之中。这一管理风格重视坚持不懈、永不言败的精神。

每当柳井正受邀演讲,总要先回忆他父亲的家族企业小郡商事男装店:该商店位于在山口县的内陆海沿岸工业城市宇部;再讲他越来越相信,这个企业不会走出去到别处发展。大学毕业后回到父亲的商店里工作,这才激发起他个人对商业的兴趣,此时,他产生一个想法:销售休闲服装更有趣、更高回报。

于是,1984年6月2日,柳井正在广岛市开设"优衣库"休闲服装店(袋町店),打出的口号是:"巨型仓储,选择无限。"柳井赴美考查，得到一些重大的启示。在那里，他参观了一所大学合作商户，这个商家采用一个新观念，向顾客提供低价位的休闲服装，很像是卖杂志。商店里挤满了年轻人。这对柳井正产生了决定性的影响，他将企业变成特许商店，并在郊区开辟多家门店。

从此，他开始实行扩张业务的举措。这是一个不断试验、摸索的过程，将客户群扩大到所有年龄阶段的男男女女，向顾客提供高性价比、高品质的产品，这正是该品牌今天的形象。

在创建成功企业的过程中，柳井正采取富有挑战的改革措施："匠工程"，旨在提高产品质量；"基础改革"，旨在改变公司的结构，更多地从客户的角度出发，扩大宣传，告知人们价廉物美的原因。在"匠工程"中，柳井正派出深谙迅销管理理念的团队与经验丰富的技术人员到中国指导生产。他们都会中文，这有助于在指导过程中交流顺畅，从而确保产品的质量。"基础改革"，就是请敏锐的职业猎头协助该公司成立一个职业管理团队，强调个体门店具有更大的自主权，鼓励门店经理享有更大的独立决策权。

柳井正把人力资源培训当作公司增长战略的支柱，计划于2010年在哈佛商学院和一桥大学的帮助下推出公司内部的商学院。这样，他就能紧紧跟随伟大的商界领袖了，如松下幸之助和丰田喜一郎，他年轻时代就非常钦佩和细心研究过。这些商界领袖不仅仅奠定了现代日本的产业基础，也彻底改造了企业管理领域。

迅销一直都能克服经济起伏的周期，维持销售额和利润的增长，不断推出新产品以应对商业形势的变化，将不懈的自我革新内化为灵活性和企业文化，并建立起一个结构框架以适应迅疾而必要的改革。总之，柳井正一直都在调整管理的基础结构。2005年11月，他成立了控股公司，集中公司的现有资源专注于服装业的海外发展。

2001年，柳井正把优衣库推向英国，但很快就意识到，他缺乏足够的尽职调查，也没有积累充分的门店管理经验。因此，公司挣扎一番，只好撤回一部分资金。但是，这次经验教训为打入中国市场制定战略起到举足轻重的作用,决定下一步海外扩张要打一个坚实的基础,一次只建一个门店。这一更为慎重的管理风格到目前为止效果良好,优衣库的全球扩张战略似乎走入了稳定的轨道。

柳井正继承父亲的企业时,平生第一次面对他先前很少考虑的问题:"一家运营良好的公司是什么样的?一家好企业的构成因素是什么?"他逐一写下自己的管理原则。其中最重要的一点是:"要满足客户的意愿,让你的企业促生更多的客户意愿。"柳井的成功与这一点是分不开的,要让迅销成为全球领先企业的宏图伟业也要靠这种不懈的努力。

柳井正的主要经营理念

- 不要回避失败,要把它当作知识资产。
- 要满足客户意愿,让你的企业促生更多的客户意愿。
- 要研究、学习各种观点,要不断产生新观点。这是经商的喜悦。

迅销有限公司

创立时间:1963 年 5 月 1 日

柳井正,总裁、首席执行官

总部:山口县山口市佐山 717 - 1,
　　　http://www.fastretailing.com/eng

资本:10,200 百万日元(财年截至 2009 年 8 月)

总销售额:685,043 百万日元

营业利润总额:108,639 百万日元

净利润总额:49,797 百万日元

员工:8,054 人

8
在变革的世界中谋求发展

加藤壹康
麒麟控股有限公司
董事长兼首席执行官

1944 年 11 月出生于日本静冈县。1968 年 3 月毕业于庆应义塾大学商学部，同年 4 月入职于麒麟麦酒株式会社。曾任北海道分部总经理（1997 年—2000 年）、九州分部总经理（2000 年—2001 年）、市场营销部总经理兼麒麟控股株式会社常务董事。2006 年升任董事长兼首席运营官，2007 年 7 月起，任麒麟控股有限公司董事长兼首席执行官。

钟情德式啤酒

1907 年，日本麦酒会社重组，成立了麒麟麦酒株式会社。日本麦酒会社的前身是春谷酿酒公司。春谷创立者是出生于挪威的美国人，叫威廉·科普兰，在横滨建有一家啤酒酿造厂。

科普兰到日本时，已然熟知各种啤酒酿造技艺。他想把美味的浓、淡啤酒带给旅居日本的同胞。科普兰是一位优秀的啤酒酿造师，他改进了酿酒工艺，比如，使用法国科学家、生物学家路易斯·巴斯德的低温杀菌法。

春谷酿酒公司得到美国侨民的赞誉和支持，公司声誉主要是借口耳相传得到了提升。这个品牌广受欢迎，科普兰产品甚至出口到海外，尤其亚洲地区，比如上海、香港和越南。

当时，春谷成立前后，横滨已出现不少酿酒公司，这样，春谷酿酒公司自成立到关闭的 14 年间，就得面对激烈的竞争，就得为方寸之市场份额而奋斗。

科普兰之功惠及日本业界的方方面面。他广收门徒，毫无保留地传授啤酒酿造技艺和要诀，甚至于把配方和设备卖给那些志向远大的酿造师。

春谷最终还是倒闭了，其酿造纯正德式啤酒的目标由日本麦酒会社继承下来。为让日本消费者喝到口感醇正、质量上乘的德式啤酒，日本麦酒会社请来德国资深酿酒师，购买了当时最先进的设备和蒸馏系统。这种求纯求正的精良工艺为麒麟啤酒的酿酒师代代相传、未尝稍减。

麒麟啤酒商标是"麒麟"，世界各地基本上都认得。麒麟是中国民间传说中的一种瑞兽，形似龙，食素戒杀，有千年之寿。

日本在 1894 – 1895 年的中日甲午战争取胜后，国富力强，国内对啤酒的需求也迅速增长。1901 年，政府颁布法令对啤酒课以重税，许多中小型酒厂纷纷倒闭，行业巨头为争夺市场，也展开了残酷的竞争和价格大战。待尘埃落定之时，出现了一家独大的局面，札幌麦酒会社、东京的日本麦酒酿造会社（惠比寿啤酒公司）和大阪麦酒株式会社（朝日麦酒株式会社的前身）联合组成大日本麦酒株式会社。各公司联合，是为了终止彼此间的恶性竞争，但也造就了一个鲸吞70%市场份额的啤酒业庞然大物。

市场呼唤一个能与之抗衡的竞争对手。1907年2月，一些大企业家，比如三菱财阀的岩崎久弥，给予财力物力，日本麦酒会社重组，更名为麒麟麦酒株式会社。

然而，执着追求纯正的德式啤酒，仍旧是新公司的主要使命，酿酒的原料一如既往采用进口，酿造过程也仍由德国酿酒师监督指导。在大众心目中，麒麟啤酒就是"真正的"德国啤酒。借助这个优势，麒麟麦酒株式会社迅速缩小了同大日本麦酒株式会社的差距，逼近其领先的地位。麒麟的员工坚信，他们会逐渐蚕食掉对手的市场份额。然而，二战爆发，所有的啤酒生产都难以维系。

战后，由于原料短缺，啤酒产量不高，麒麟难有机会追赶大日本麦酒株式会社。另外，盟军司令部还下令限制啤酒的产量。麒麟麦酒株式会社必须要求得生存的出路，所以，酿制酱油、出租闲置的仓库，尽其所能维持收入。

战后十年间，麒麟麦酒的管理层维持了公司的正常运营，功不可没。1954年，限令一经解除，麒麟麦酒迅速恢复生产，将其战前的竞争对手甩在身后，一跃成为日本最大的啤酒生产商，这一地位维持了45年之久。

无论是面对激烈竞争，还是遭受战争重创，抑或在严令监管之下，麒麟麦酒始终坚守那个立意鲜明的使命——酿造高品质德式啤酒；这份执着使麒麟麦酒的信念成为该行业的标准，为其赢得了一代又一代消费者坚定不移的支持，也迫使竞争对手不断进取，以求与之相媲美。

了解消费者之需

迄今为止，麒麟麦酒最重大的改革举措莫过于推行并不断完善所谓的"麒麟体系"。麒麟体系是一套信息共享系统，广泛部署在麒麟控股的基层，用于从第一线快速收集、整合并分析信息，借此在第一时间把握不断变化的市场动向。

麒麟体系于2003年夏季推出，用以把最新搜集的市场信息传递到全国各主要产销基地。但是，这套系统最初的收效并不稳定，因为使用这套所谓的内部专用系统时，不少员工都遇上了难题。

麒麟体系需要搜集尽可能多的信息，同时又不允许放过任何有潜在利用价值的数据，这样的要求从一开始就不切实际、繁重不堪。麒麟体系建立之初就显得壮志难酬——这个项目要想确实发挥效用，成为21世纪充满活力的市场信息采集与共享系统，就需要多年的磨合、调整。系统需要收集的信息种类繁多，包括反映某一时期消费者的确切感受和需求的一些指标，还包括不同地区成形的消费走势。

实施麒麟体系的结果充满革命性。在新产品的研发和营销过程中，麒麟麦酒借助于这一体系在2006财年重获市场份额第一的桂冠，此前，麒麟麦酒在无关紧要的位置上"饱受煎熬"已有六年。

2006年，麒麟控股还迎来了新任总裁加藤壹康，他真正体现了公司在新时代焕然一新的领导理念。上任伊始，他热情饱满地抓住新的上升势头，促进了公司的发展。

> 麒麟体系的成就远远超出了我们的预期，不论是零售网点使用的新型售点广告，还是为营造电视广告的氛围而布置的临时销售货柜；这些举措都有助于提升销售业绩，因为这都是通过各种渠道听取消费者的声音，为满足他们的需要而制定出来的。另外，每个"成功案例"的经验也迅速传至

全国各部门，作为优秀范例参考、借鉴或加以改进，并在公司内部予以传达。

加藤说，从北海道到九州上下贯通，公司内部每天都有将近100条有用的信息在交流传递。行之有效的理念和做法很快就能得到推广利用，而那些不能立见成效的措施也会成为有用的经验教训以供参考。一线的员工们已认识到，他们身边不但蕴藏着丰富的资源，开发这些资源也能为整个公司贡献力量。

普通的日本消费者或许未曾留心，加藤将集团上下团结一心的精神蕴含在其企业标识上，并用"麒麟"标识统一了旗下所有企业的商标，更加明确地将麒麟品牌定位为企业管理的资产。此前，各个子公司使用了六七种不同的标识。通过标识的统一，麒麟控股得以全方位地管理其品牌，同时，麒麟这人所共知的形象也成为该公司啤酒类产品独享的标识。

"麒麟"标识的经营权归麒麟控股所有，采用与东京急行电铁株式会社相类似的品牌授权模式。东急旗下有私有铁路公司和百货连锁店，根据被授权企业的经营规模，收取相应比例的商标使用费。

寻找多元化发展的新契机

新麒麟不同于以往之处在于，围绕啤酒这一核心产品，积极开展多元化经营。然而，多元化经营在过去往往是迫于生存之需，大多有违专注于啤酒生产之道；如今，这种经营方式已经成为麒麟公司长期发展计划的重要支柱。

麒麟控股旗下涉及制药部门和育种部门，前者是以协和发酵麒麟公司为首的特种药品企业，后者是由麒麟农业生物集团经营的鲜花育种业务。两家公司的全球化程度都很高。啤酒和其他酒品的产销继续由麒麟控股的酒类饮料事业部门负责，包括麒麟麦酒株式会社和狮王啤酒公司等企业；软饮料和果汁产品则由非酒精饮料事业部门经营，如麒麟饮料公司以及澳大利亚国立食品公司。麒麟控股所积累的经营经验、设备和人力资源等方面得到充分利用。

从熟识的行业进入陌生的商业领域，企业不仅要树立全新的形象，更需对其内部结构进行全面调整。实际上，如果企业的基本业务增长无望，或有所增长，但赢利不足维持像麒麟这样规模的企业的运作，多元化经营和扩张就成了仅存的出路。

在这样的困境中，变革势必会有风险，但墨守成规的风险往往更大。企业如能采取一个合理、公开的多元化发展战略，就不会过于关注每次投资的短期回报，而可以把目光放得更远。

如果需要拓展业务范围，那么，就必须展开全球扩张。1980年代末，"全球化"在日本商界成了成功的代名词，各大企业的高层忙于调整公司的结构，制定全球化背景下新的长期目标和发展战略。这意味着，日本企业一方面要取得各国消费者对其产品的认可，另一方面则要以明晰的发展理念和财务计划来说服股东和投资者。

这些要求在所谓的"麒麟方式"中得到了充分体现。"麒麟方式"由四条重要的价值准则组成。其中，第一条便是"力求比竞争对手更了解顾客，牢记沟通的重要性。"很久以来，视顾客如上帝一直是日本商界的首要原则，而今天的市场高度多元化、专业化、全球化，企业必须更加"了解"消费者的各种需求，而非一味"屈从"。就此而言，顾客与商家的传统关系已经发生逆转，从稳定的主仆关系变成合作关系。打个比方，如果把顾客当作一个人莫知之的神灵，商家就只得尾随其后，时刻候命。然而，若能与顾客结为密友，商家就能想其所想，满足其所需。

"麒麟方式"的第二准则是对质量的不懈追求——对细节一丝不苟，不断完善生产技术及流程。这一点在冷藏技术方面体现得尤为明显，"新鲜"被视为啤酒的生命，为确保啤酒的"新鲜"，麒麟不断改进冷藏技术。

第三条准则是创新；培养思想自由的精神和视点，这对于新观点是必不可少的。1990年代初，啤酒销量锐减，为了自救，啤酒业开发出一种低麦芽啤酒——发泡酒，这种新产品税率较低，因而比普通啤酒的售价要低。对啤酒行业来讲，开发新型饮品已是大势所趋，他们希望借此开辟新的赢利途径，弥补日渐萎缩的啤酒销量；最近的趋势则是推出一类有啤酒口味却不会醉人的无醇饮料。层出不穷的新点子让麒麟等啤酒企业得以满足消费者之需，甚至还可以预判消费者需求的变化；如果没有这些点子，商家就会逐渐发现，他们充其量只能维持利基市场。

"麒麟方式"的最后一条是"诚信——始终公平、真诚地开展一切商业活动"。这也是每位麒麟员工务必牢记的一条准则，时刻不能懈怠。

所有强大而富有活力的企业都有顽强的生存能力，麒麟也一样，视困境为大胆进取的最佳时机。这就意味着，除啤酒这一首要业务之外，麒麟要在其他领域谋求发展，比如，无醇饮料、食品和药品等三个领域都取得了稳步增长。麒麟的战略就是首先在国内市场做强。

与酒类饮料上万亿日元的收入相比，麒麟药业部门的产值只有1700亿，而无醇饮料部门的赢利也不过约有7100亿。麒麟的啤酒和食物在海外赢利丰厚，产值已达数十亿美元。其附属产业虽然产值远低于酒类饮料，但都在不断增长。在健康与功能性食品、调味品以及生物农业等新投入的领域中，麒麟的增长势头甚至更加强劲。

即便不能取得很高的回报，但其核心业务总有进一步增长的空间。2006年12月，麒麟控股将日本第二大红酒企业莫西亚购入旗下，完成了一次资本与业务的联盟，旨在相互取长补短。红酒并非麒麟的强项，所以，该业务以莫西亚为中心；而广受欢迎的日本烧酒（一种蒸馏法制成的高度酒）和即饮型调和酒类饮料则由麒麟负责运作。

同年，麒麟控股还收购了一家大制药公司协和发酵。加藤壹康领导下的一系列战略收购和联盟确实取得了立竿见影的效果，公司的业绩增长迅猛；但要取得长期发展，麒麟仍必须全力以赴，开发出引人注目的新产品。

"世界厨房"系列软饮料便是这样一款新产品，特别是在20至40岁年龄段的女性消费者中深受欢迎。开发过程中，麒麟的研发人员遍访世界各地，搜集受人喜爱的传统家常甜品；他们在这些食谱中找寻灵感，创造出了独特又充满异域风情的全新饮品。这些饮料的名称和包装也一样充满新意，给人的感觉更像是一道道能喝的小菜，而不是饮料。"世界厨房"系列所要营造的就是一种家乡的温暖，比如"蜜饯桃子"，就是匈牙利乡间的一种家常甜品；还有一种苏打饮料，味道类似于古巴的莫黑托鸡尾酒。

传统上，麒麟经营审慎，从不举债；加藤壹康上任后，一改以往的领导风格，逐渐为企业注入了一种敢于冒险、积极进取的精神。大手笔的并购、进入全新领域的尝试无不体现着这种精神，也保证了公司的长期生存和发展。目前，啤酒只是麒麟控股业务的组成部分。在集团"企训"中，麒麟给自己的定位是："以人为本，专注天然，精益求精，重塑美食之享，健康之乐"。

一丝不苟　坚持不懈

加藤壹康承认，还有很多事要做：

> 我觉得，就啤酒业务而言，我们的目标是明确的。尽管全球经济衰退，而且这些年来啤酒市场也不断缩水，相对而言，麒麟一直保持着强劲的发展势头。有消息称，经济衰退肯定还要持续一段时间，还有许多硬仗要打。我们必须继续开发深受消费者喜爱的产品，并在这一点上做到最好。
>
> 至于说其他的酒类饮料，比如烧酒和碳酸烧酒（烧酒

是一种广受大众喜爱的日本烈酒，由多种原料经蒸馏法酿成；碳酸烧酒是果味或苏打口味的烧酒），我们能做的还有很多。比方说，麒麟果冰酒的销售业绩不错，但还需要定更高的目标。不可否认，我们做得还不够。烧酒业务的整体战略需要理清，例如，我们能否大幅度提升消费者的支持度。这些发展的问题需要共同研究。我们要在各个方面积极行动起来。

麒麟在 2009 年采取的一项积极措施就是加强洋酒业务，与总部设在伦敦的帝亚吉欧公司建立了合作伙伴关系。帝亚吉欧的产品包括建力士黑啤、尊尼获加威士忌以及斯米诺冰酒。

洋酒是麒麟的一项重要业务，但以往的投入却没能换来显著的业绩增长。通过与帝亚吉欧的合作，就是要让日本消费者享用更多世界知名的酒类饮品。

在新成立的帝亚吉欧麒麟公司中，帝亚吉欧和麒麟各占 51% 和 49% 的股份。新公司省去了很多中间环节，更加通畅地销售帝亚吉欧的主要品牌，比如尊尼获加威士忌、哥顿金酒、建力士黑啤、斯米诺伏特加以及百利甜酒等得到消费者高度认可的产品。

2009 年 4 月，"麒麟无醇"的发售标志着麒麟一项全新业务的诞生。发售首月，这种无醇饮料的出货量就达 34 万箱；至第二个月末，销售总量就直逼原年计划销售量 63 万箱。"麒麟无醇"是麒麟"安全驾驶与环境保护"项目下的一款产品，该公司称，这种饮料具有啤酒的口味，却丝毫不影响驾驶安全。据称，"麒麟无醇"比之于啤酒的口感香醇，其相似度远超先前的"仿啤酒"饮料，甚至超出低酒精度的啤酒模仿产品。现在，日本酒驾事故数量已降至 10 年前的五分之一，人们希望，这类饮料的风行能进一步减少事故的数量。

"麒麟无醇"被视为一项成功的科技创新，是麒麟啤酒事业部门和碳酸烧酒部门合力研发的成果，因为碳酸烧酒部门拥有麒麟最优秀的调味专家。

为了强调这款饮料不含任何酒精成分,麒麟的市场营销部门在标签上特意添加了"0.00"的标志。研发过程的每个阶段都有消费者的积极参与,从试饮到产品定名,再到营销理念的选择都咨询了消费者的意见,就连包装设计也是在互联网上开展的。不得不说,"麒麟无醇"是一款消费者主导的产品。

加藤壹康和麒麟控股所面临的最大挑战可能是,麒麟这个啤酒品牌,有良好的声誉和传统,如何保持并发扬这一优势,同时重新打造一个不止生产啤酒的新时代的麒麟品牌。有人问加藤壹康,调和这两股力量,确保麒麟的成长,使之成为一流的跨国企业需要怎样的领导人。加藤的回答一如既往:"目标明确、实干的领导人。"

结语:从啤酒公司走向食品业巨头

在麒麟啤酒的影响下,略带苦味的德式贮藏啤酒成为最受日本消费者喜爱的啤酒。近 75 年来,即几乎整个日本商业啤酒酿造史上,麒麟支配了啤酒行业的发展。

可在 1987 年,麒麟却在竞争中输给了对手——后起之秀朝日啤酒。那年,朝日啤酒推出了名为"特干啤"的高发酵度贮藏啤酒并很快风靡日本。仅凭这一产品,朝日啤酒稳步赶超麒麟和札幌麦酒,直至 2001 年超越麒麟,登上全国啤酒销量第一的宝座。自此,两大啤酒业巨头争夺市场领先地位的大战拉开了帷幕。

然而,消费者的需求日益多元,人口也出现了负增长,可供争夺的市场迅速缩小。两大商家犹如两条大鱼,挣扎在一片日渐干涸的池塘中。这种情况必须改变。

2006 年 3 月,加藤壹康执掌麒麟后立即在国内外展开了强势的企业并购行动;最大的动作出现在 2009 年 7 月,麒麟与三得利控股宣布了合并计划,全日本啤酒和饮料行业处于领先地位的两家企业或将合二为一。合并如能实现，麒麟和三得利组成的新公司就能独占大约50%的啤酒市场，其市场份额超出于当前的市场领袖朝日啤酒约12%。另外，这一举措很可能引发整个日本食品行业的重新洗牌。麒麟是一家上市企业，而三得利是私人持股公司，有分析人士指出，二者的合并可能带来一些问题。然而，在采购和生产方面，新公司会大大提高效率，能够获得更大的空间，收购海外的竞争对手，并在萧条的国内市场继续生存下去。

同样，朝日也积极扩张，采取多元化经营，收购国内外多家食品企业。但就大规模企业的管理而言，麒麟控股具有明显的优势，因为它隶属的三菱集团就管理着横跨30个行业的近400家公司。无论怎样，麒麟与三得利合并的主要目的是要从海外赚取更多的利润。

即便如此，就算把麒麟制药部门协和发酵与海外所有食品饮料控股公司的赢利都加起来，麒麟（包括莫西亚在内）在国内酒类饮料市场的赢利还不到5000亿日元。然而，为了给其核心的啤酒业务提供保障，麒麟仍坚持其强劲的发展战略，要发展成为多元化的全球性企业集团和领先的亚洲及大洋洲食品产品供应商。2008年3月3日，《日经商务》杂志有一条标题写道："当麒麟不再只是啤酒"。

其实，麒麟的多元化战略始于2001年。那时的公司总裁是荒蒔康一郎，他毕业于东京大学农学系，从公司的制药部门一路升任此职。荒蒔康一郎认为，麒麟必须看得更远，不能只看未来三年的发展。他指出，应当了解并利用整个集团的力量，更好地结合消费者之需，提高产品质量。在《新麒麟宣言》中，荒蒔康一郎公布了一系列改革举措。他强调，公司优势牢牢地扎根于"啤酒"及"发酵技术"；种类丰富的酒类饮料、无醇饮料、食品及药品会赋予麒麟强大的力量，在巩固国内市场的同时，不断向海外扩张。要实现这些目标，麒麟需要在结构上转换为控股公司。

加藤壹康于2006年接替荒蒔康一郎出任麒麟总裁。尽管出身于麒麟的酒类饮料部门，他一上任就利用公司丰厚的资金储备开始了一项积极主动、长期的投资战略。首先，麒麟买下莫西亚的大额股份，并将旗下的制药部门与协和发酵合并，组成协和发酵麒麟公司。其后，麒麟转向亚洲和大洋洲，收购了澳大利亚最大的奶制品及饮料制造商国立食品公司，继而迅速收购澳大利亚第二大公司奶农乳业，接着又增持了澳大利亚第二大啤酒公司狮王啤酒的股份；最后，麒麟公司又来到菲律宾，将所持有的生力啤酒公司股份提升到48%，该公司隶属于菲律宾最大的食品企业。

2006年后的三年中，麒麟在收购业务中投入的资金超过了一万亿日元。麒麟宣布与三得利的合并计划后，麒麟公司的常务董事古元良治评论道："我们打算收购的企业，基本都已经收购了。"加藤壹康常说，靠自己力量发展企业是有限的，诸如这样的合并可以提高收益，使麒麟可以加快海外扩张的脚步。如果麒麟和三得利合并成功的话（在本书刊印时此事尚在讨论之中），一个销售额高达3.82万亿日元的饮料业巨头就会诞生。新公司将超越比利时的百威英博成为世界第一大啤酒生产商，同时也将超越美国可口可乐公司成为第一大饮料生产商，一跃进入世界食品企业前五强。

所有这些行动在几年之前会让不少人感到吃惊，因为同其隶属的三菱集团一样，麒麟的经营风格向来保守。历史上，极低的负债率让麒麟引以为荣。1970年代，麒麟更是占有并保持了国内啤酒市场大约64%的份额。

而在1980年代，朝日啤酒这个长期居于第二位的对手最终摆脱了麒麟的阴影，以其热销产品"特干啤"主导了日本消费者不断变化的口味。麒麟没能给与有力的回击，终于在啤酒这个基础业务上退居其后。现在的麒麟已焕然一新而且更加积极主动，其业务更为广泛，内部更加团结。加藤壹康希望，这样的麒麟能够利用三菱集团的优势——"长远的战略性思考"和"组织管理能力"，成为世界食品行业的领袖，一个世纪以来麒麟一直名列日本啤酒业的前茅。

加藤壹康的主要经营理念
- 要比竞争对手更加理解消费者的需求。
- 不要安于自己的核心优势，要利用这些优势促进变革、实现新的增长。
- 要培养一种激励扩张、敢于承担风险、多元化经营的企业文化。

麒麟控股有限公司

创立时间：1907 年 2 月 23 日（麒麟麦酒株式会社）

加藤壹康，总裁、首席执行官

总部：东京都中央区新川二丁目 10 番 1 号

　　　http：//www.kirin.co.jp/english/

资产：102,000 百万日元（财年截至 2008 年 12 月）

销售总额：2,303,569 百万日元

营业利润总额：145,977 百万日元

净利润总额：80,182 百万日元

员工：36,554 人

9

重新启动日本公司的发动机

三村明夫
代表董事、董事长
新日本制铁株式会社

1942年11月生于群马县。1963年3月毕业于东京大学经济学院。4月入职于富士制铁（新日铁的前身）。2003年就任代表董事、总裁，2008年改任董事长。2003年至2006年，任日本钢铁联合会第11届会长。2005年至2009年，任日本经济团体联合会副会长。曾任文部科学省中央教育审议会会长，现任内阁办公室财经政策理事会成员。

打排球培养出领导才能

"钢铁的发展状况,反映国家的发展状况。"

日本工业辉煌的过去简直令人陶醉,而人们经常引用的这句话,就是把国家发展的状况与钢铁联系起来。如果日本还有人相信这种关联的话,那就是新日本制铁株式会社前任董事长三村明夫了。他在21世纪初利用中国崛起的契机,再次振兴了其公司的核心业务。

三村出生于东京都附近群马县的乡村,据说孩提时代,他经常徒步走五英里的雪地去幼儿园。中学二年级时被任命为校排球队队长,这一经历唤醒了他参与竞争的激情和领导意识。他带领校队在县锦标赛取得第三名之后,决定考大学。

三村考入日本最好的大学——东京大学,并靠做家庭教师赚钱完成了学业。而且每有结余,就把钱寄回家里。同学们认为三村学习极其刻苦,但他还能打排球。学习、运动、兼职工作,他的时间表总是排得满满的。

大三那年开始思考职业生涯,他知道,所有奋斗与牺牲都会得到回报。因为毕业于日本名校东京大学,就等于拿到了筹码,几乎可以在日本顶级企业中任意选择了。但三村的心思与大多数同龄人不一样:

> 我想,如果可以选择,我宁愿加入一家在业内并非首屈一指的公司。这样才有奋斗的目标。我当时的抱负都够两个人努力的了。我真正想要的感觉,就是对日本的经济发展有所贡献。

三村选修了一门课程叫"钢铁经济学",有机会参观了日本钢管株式会社(现为日本钢铁工程控股公司),这家企业是日本在二战期间的工业发动机,是一家造船公司。在该公司的见闻让他兴奋不已。炼铁企业十足的发展势头和活力让他着迷,他似乎听到了召唤。所以,从东京大学一毕业,就入职于富士制铁(即现在的新日本制铁株式会社),开始了与钢铁同呼吸共命运的生活。

米纳斯吉拉斯:日本钢铁业在巴西的优势

2007年12月的一次记者采访中,有记者问三村明夫,全球钢铁行业发生市场重组期间,新日本制铁的战略是什么?

三村答道:"提高对高档钢材的市场需求是一项紧迫的任务。在国内,我们想扩大君津和八幡制铁所的高炉规模。哦,顺便提一句,我们计划在巴西的米纳斯吉拉斯州建立全世界最大的高炉。"

米纳斯吉拉斯模式既能说明日本钢铁业走过的历程,又能指明它的发展方向。

日本与巴西的钢铁业合作可以回溯到1958年,当时,两国合资建立了米纳斯吉拉斯钢铁公司。

日方核心成员是八幡制铁所(现为新日铁的一个公司)。巴西的主要支柱产业还是农业,其自然资源丰富,但缺乏生产技术、设备和足够的资金,无法发展钢铁产业。建立一个大规模的钢铁工厂,要求严苛,却大有赢利的前景。

在儒塞利诺·库比契克总统的领导下,巴西政府宣布了一个庞大的五年经济发展计划和公共建设项目,颁布新的法律,提供让利措施,鼓励私人投资,以便实行替代进口的工业化政策,这个政策可以说是雄心勃勃。日本政府被说服参与准备工作,在日本钢铁制造商的全面合作下,建立一个巴西钢铁厂。米纳斯吉拉斯钢铁公司项目不仅仅包括建设问题。这也是一个城市化计划,其中包括住房与文化设施建设。

八个住宅小区在工厂周围拔地而起,还包括十多个社交俱乐部和各种游乐设施，供工人和居民娱乐。基础设施包括一家医院，服务的对象不仅限于工厂员工，也向面向周边社区的居民。米纳斯吉拉斯钢铁公司也为员工在当地开办了学校。这些学校也向普通公众开放。简言之，这是一个围绕着新兴钢铁企业米纳斯吉拉斯展开的大型社区规划，其开发建设都接纳当地居民的参与。

新日铁历史悠久，通过其附属投资公司日本米纳斯吉拉斯而成为米纳斯吉拉斯的主要股东。这种关系是最近才刚刚积极地建立起来。几年来，巴西已经与俄罗斯、印度和中国一道发展为最有潜力的市场经济体。

此外，有传言称，世界顶级的钢铁企业，印度的阿塞洛米塔尔钢铁集团曾考虑收购米纳斯拉吉斯的可能性。日本钢铁业最早与巴西建立合作关系，协助该国建立钢铁企业。之后很久，其他国家才有意进入该国。新日铁认为，现在应该巩固在该地区的权益。2006年，新日铁在日本米纳斯拉吉斯的股票由14.4%增持至50.9%，正式宣布日本米纳斯拉吉斯为合并子公司，其业绩出现于新日铁的账簿上。这显示出新日铁在钢铁行业的全球整合过程中收购更多国外资产的勃勃雄心。

新日铁掌控日本米纳斯拉吉斯并改善了经营业绩，从而提升了米纳斯拉吉斯的股价，让米塔尔难以收购。虽然新日铁在钢铁产量上仅次于米塔尔，但米塔尔的产量是新日铁的三倍。

米纳斯拉吉斯实际上已经垄断了巴西的镀锌钢板生产，自1999年以来，新日铁与该公司合资成立"联合镀锌"，生产镀锌钢板。这种钢板一般用于船舶、汽车制造，"联合镀锌"在钢板生产方面的技术优势一直深受好评。

2008年全球经济衰退之前，巴西作为世界经济增长最有前途的地区之一，广受重视；巴西、俄罗斯、印度和中国并称"金砖四国"。巴西的经济增长使得日本汽车制造商在该国的活动日益频繁，从而带动了对钢铁的需求，尤其是汽车用镀锌钢板。

解决问题更好，恢复生产更快

长期以来，钢铁一直是描述国家经济状况的风向标，日本也不例外。但是，自 1980 年代至 1990 年代，近一代的时间里，钢铁的价格和供应骤减，所以，人们称之为"夕阳产业"。

形势真的很严峻。真的。无奈之下，只得削减 4600 亿日元的成本。这不是一夜之间就可以做到的事情。如果能做，早就做了。然而，我们只得寻找可削减成本之处，而且，行动还要快。

三村明夫接手一项令人尴尬的任务，主持削减成本的会议，说出日本经济后泡沫时代最可怕的字眼："重组"。

我们决定采取的方法，首先是深思熟虑、反复讨论，审慎权衡我们的出路。一旦达成结论，就必须迅速采取行动，绝不迟疑。我们发现，讨论得透彻、全面，采取行动往往就容易多了。就这样，我们决定关闭 4 座高炉，降低国内生产总量，将炼铁厂从 13 家减为 9 家。对工厂社区和在职员工及其家人的生活而言，其冲击是相当严重的。但是，我们不得不降低产量。

对于新日铁来说，这是一个前所未有的改革和痛苦，需要人们承受。最糟糕的是，削减成本，并没有给他们带来成功的希望。

三村明夫回忆说："这真是让人郁闷。但是，我们仍然对未来满怀信心。削减产量的做法，不会永远持续下去。今年的实际情况到了明年肯定就不一样了。我们面临的困难，别人也需要面对。我们知道,我们有克服这场危机的资本,而且,还有能力克服更多的危机。我们坚信,我们还会再次崛起。"

三村所说的"可怕的选择与更加集中的努力",新日铁必须得做。最终,该公司肯定能够闯出这次前所未有的风暴,到达新的彼岸,而且雄心壮志不减分毫。

钢铁产业的未来

三村明夫于2008年春天卸任,宗岗正二接掌新日铁。宗岗上任后马上郑重宣布,要沿着前任为他铺就的道路走下去。

他说,"我的首要任务就是确保公司定位为全球性企业。"

不幸的是,他上任仅6个月后,也就是2008年秋天,全球经济放缓,钢材的市场需求再次停滞下来。但由于这个行业的前景在全球经济进入衰退期后仍然相当乐观,宗岗认为,用不了多久就会全面恢复生产,会达到与2008年上半年持平的地步:

> 真的,现在的产量才达到总生产能力的50%左右。我不否认,目前的形势很艰难。如果汽车电子市场有逐渐回暖的迹象,而且,确实如此的话,就能带动大厂商恢复发展,不久之后,我们至少应该能恢复生产能力的70%。

宗岗临危受命,时势艰难无从抗拒——虽然中国对钢材的市场需求大增,新日铁从中受益,此时却遭遇了经济衰退的风暴袭击。不仅如此,这位新上任的老板明显还得面临另一场挑战。

具体来说,首相内阁全球变暖预防总部宣布了减少温室气体排放的中期目标,新日铁必须履行。依据经济产业省和环境省发布的2009年4月份报告,新日铁在2007财年高居企业温室气体排放清单的榜首,达到6,305万吨。

新日铁想的只有提高产量，满足日益增长的市场需求，但必须在控制排放的情况下。即便减排技术可以让公司面对竞争对手取得更强的优势，开发大幅减排的技术用于制铁，成本也太高了。

首相鸠山由纪夫组成内阁时宣布了日本的二氧化碳减排目标——2020年以前较1990年碳排放量水平减少25%。宗冈说过，这个水平极难达到，即便像新日铁这样具有国际一流技术水平的公司也无法实现。

2008年12月，宗冈向世界钢铁协会提出一个悲观的预测，由于全球经济衰退，全球钢铁的市场需求会大减。原油价格上涨，已经发出钢产量放缓的信号，在全球金融危机的冲击下，钢铁生产肯定会遭受到毁灭性的打击。

> 前几年，钢铁产业一直以每年7%的速度快速增长，而这一前所未有的速度，在全球经济衰退的情况下，很快就抵消了。我想，增速过快，难以持久。现在，钢铁产量维持小小的增速，我们就很高兴了。增速只要超过5%，似乎就不太现实了。

在世界钢铁协会纽约会议上，三村提出的看法最为悲观，他认为，钢铁行业两三年内才会恢复。但是，新日铁有结构性的优势，有利于把握时机。

宗冈说："日本生产的钢铁以超过40%的比例出口到发展中国家。这个比例大大高出了其他发达国家对相同市场的出口量。对新日铁来说，这可以转化为相当强劲的货币头寸。我们不打算在短时期内降低投资计划。无疑，现在这个时期，还有很多困难在等着我们。特别是在这种时期，只得采取必要的改革措施，继续向前迈进，为将来的有利发展奠定基础。"

宗冈概括地描述了日本产业，并在全球范围内做了比较：许多日本企业受到全球经济衰退的制约，已经完成繁重的革新工作，重新调整经营方式，现在它们拥有强大的现金储备以实现战略并购，而海外的竞争对手却无法做到。

  从总体上来看，全球钢铁行业正处于一个宏大的重组整合期。比之于十年前，你很难找到一个不实施并购战略或企业联合的大型钢铁公司。我认为，这次结构性变化的大潮实际上是更早的经济危机引起的，即1997年开始于泰国的那场亚洲金融危机。

实际上，全球经济危机暴发之前，新日铁已经与米塔尔集团商讨，谋求建立合作关系，在北美扩大汽车用钢的生产。世界头号、二号钢铁企业也建有生产高端汽车钢板的合资企业，其中，包括技术共享和扩大产能的投资。新日铁正与印度的塔塔钢铁公司谈判，为印度快速增长的汽车市场生产钢铁。2002年以来，新日铁已经与该公司实现技术联盟，帮助在印度建立钢厂。但是，这一追加的合作可以让新日铁在印度生产汽车用钢，直接用于生产日本汽车（丰田汽车公司和铃木汽车公司）。日本汽车已经落户于印度——世界上增长最快、最大的一个市场。新日铁已经在巴西和中国生产汽车用钢了。

  该合作倡议目前仅针对高张力钢板，由我们与塔塔合作经营的企业生产。希望这将为我们生产的高附加值钢材打开市场之门。我们期待在印度大有作为，但就市场占有率、合作关系与基础设施而言，仍有很多工作要做。
  如果日本钢铁业想要继续增长，不要像所预言的那样变成"夕阳产业"，就必须借助于扩大高档次、高功能钢材的市场需求，这类钢材用于汽车车身、混合动力汽车发动机和船舶，在性能上要求有优越的导电性、韧性和强度，先进的防腐性能，在极端压力下的耐久性。所以，重要的是，我们能够按照市场要求适时适量生产优质钢材。当今的全球经济环境下，供大于求就是死亡之吻。你必须能迅速调整和纠正任何领域的产能过剩。这并不仅限于经济衰退时期。不论你能在多大程度上扩张业务，生产过剩总会有损于公司的业绩。因此，这是一个微妙的平衡关系。只要产能合理、时机适当，就能在国内外市场上稳操胜券。

近年来，中国经济快速发展，工业高速增长，这正是新日铁复苏的关键因素。新日铁确实掌握着世界一流的技术和质量水平。新日铁使巴西的米纳斯拉吉斯公司更加接近发展目标，这表明，在日益全球化的竞争压力下，新日铁愿意、也能够保持不败的业绩。这些压力会继续加大，因此，新日铁也将不懈努力，重塑自己的命运。

结语：耐心管理，不断创新

长期以来，新日铁肩负着日本工业增长的大部分重担和责任。1868年的明治维新使日本政府走向现代、走向开放，迅速实施工业化政策，鼓励国内重要企业的发展，以图赶上西方。这一政策的关键就是扶植钢铁产业，最初以官办的八幡制铁所为中心。后来，1934年，钢铁业巨头新日铁的前身"日本制铁株式会社"成立。1945年二战失败，由于这个实力雄厚的工业集团（财阀）曾为日本帝国提供物力支持，所以，盟军最高指挥官道格拉斯·麦克阿瑟将军下令解散日本制铁，改制为两家新公司：八幡制铁株式会社和富士制铁株式会社。25年后，到了1970年，两家公司响应号召，"重新合并"组成"新日本制铁株式会社"，以提高竞争力应对日益激烈的全球竞争。

2006年年初，印度工业大亨拉克希米·米塔尔收购了欧洲的阿塞洛钢铁集团，世界第二大钢铁生产商与世界上最大的钢铁生产商合并，庞大的阿塞洛米塔尔集团就此成立。然而，新日铁为这场全球竞争的商战找了一个合适人选来掌舵：三村明夫。他自2003年起任总裁，2008年起任董事长。

三村带来的是日本"老派"的企业管理风格，坚毅勤勉、注重细节是企业最高的准则。上学时多年的刻苦努力，让三村明白一个道理，想要成功没有捷径，只能通过辛勤工作、态度积极、耐心做事。经过一番努力之后，这些素质会给人带来成就。没理由怀疑这一点。正是因为如此，三村刻意选择了业内不占领先地位的一家公司，但这家公司却有独占鳌头的壮志。

三村担任了新日铁的领导职务，此时，钢铁行业总体上需要完成一个新的任务：在后工业化的世界建立定位。解决办法就是培养技术实力，以生产新的高功能钢材，满足未来需要；解决办法也存乎于全球化，特别是像中国这样新兴的发展中国家大大地提升了对钢铁的市场需求。在这个新的全球化背景下，新日铁不具备推动行业发展的实力，但在日本该公司维持钢铁行业的领先地位已有很长时间。新日铁在世界钢铁业排名第二的位置，似乎完全适合三村的个人追求。他带领新日铁走上业务扩张和重组的新道路，目标就是使他的企业和钢铁行业在新世纪稳步前进，活力四射。三村通过加强与巴西米纳斯拉吉斯公司的联系，不仅表明他力争第一的雄心壮志，也证实了他的信念，即实现这样高的目标，要辛勤工作、要坚持不懈。

"前辈创造米纳斯拉吉斯时流过的所有血汗和泪水，50年后最终会结出果实，"三村明夫把日本米纳斯拉吉斯合并为子公司时，深情地说。

三村明夫的继任者宗冈正二，抱定同样的全球化志向，关注质量和技术，向发达国家与金砖四国这样的新兴市场提供高附加值、高档次的钢材，这将确立新日铁的地位，维持新日铁的发展，同时继续作为日本产业界光荣的代表，将"耐心管理"和"不断创新"的管理理念一代代传承下去。

三村明夫和宗冈正二的主要管理理念
- 讨论要彻底，结论执行要快。
- 所有公司都要受挫，但不会永无绝期。相反，不能保证今年的好光景会延续到明年。
- 要对市场需求与适当的产能和适当的时机做好平衡。

新日本制铁株式会社

成立时间：1970 年 4 月 1 日
三村明夫，董事长
宗冈正二，总裁、首席执行官
公司总部：东京都千代田区丸之内 2 丁目 6－1
　　　　　http：//www.nsc.co.jp/
资本：419,500 百万日元（财年截至 2009 年 3 月）
总销售额：4,769,821 百万日元
营业利润总额：342,930 百万日元
净利润总额：155,077 百万日元
员工：50,077 人

10

机遇就是逆境的倒转

大坪文雄

总裁

松下电器公司

1945年9月5日生于大阪。1971年,毕业于关西大学研究生院工学机械专业,并入职于松下电器产业株式会社。2000年任高级常务董事,2002年任松下AVC网络公司总裁,该公司专营数字视听技术的业务。2006年任松下电器产业株式会社总裁。2008年1月,宣布公司更名为"松下电器公司",同时废止"National"商标,引来全世界的关注。

从松下幸之助到大坪文雄

要讨论上个世纪的日本企业，不提松下幸之助，就不会有实质性的内容。他原先是、现在依然是日本现代工业德高望重的元老。他在1989年4月就已经去世，但人们对他仍然是高山仰止、倍加推崇，日本的男女老少仍热切地研究并推广他的管理理念。整个行业的书籍、研讨会都会关注他，甚至大型出版公司都围绕着这个人的名言、信仰和生平出版读物，从而获得发展。他早年当过学徒，经过一代人的努力建立了松下电器产业株式会社这个庞大的企业实体。就像美国的亨利·福特一样，他的故事描述了一个时代，他对后世的遗泽是无法衡量的。到了晚年，他想让人们听到年轻人的声音，建立了"松下政经塾"，希望培养未来的商界和政界领导人。本书涉及的不少商界人士就是这里毕业的。

1918年，松下最初创业时只有一幢二层的房子，公司叫松下电气器具制作所，1935年更名为松下电器产业株式会社，这个名称沿用到2008年，该公司做出一个具有里程碑意义的决定，把创始人的姓氏从企业名称中删掉，将所有品牌都整合到Panasonic这个英文名称之下，汉语仍用旧称"松下"。

松下电器旗下有三大品牌：Matsushita（日文"松下"的拉丁文拼写方式）、National（意为"国民的"）、Panasonic（"pan"意为"泛"、"sonic"意声音，此品牌最早的产品是音响设备）。三个品牌共存，都有各自的发展史、客户群和品牌资产。将这些传统深厚的品牌合并到一个名称之下，难免会在公司内部引发一些情绪。但最终一锤定音的这位经理人、公司总裁大坪文雄感情真挚地恳求大家，"这是一个不破不立的过程。"

英文名称"Panasonic"在50年前并不是松下电器的首选，当时，公司想选用"National"为品牌名称，打入美国市场。但这个名称已经被别的公司注册了，所以，就选用了"Panasonic"。多品牌战略也成为松下的一个做法。

多年来，松下的日文名"Mitsushita"只在日本境内叫得响。索尼和本田之类的公司创下了具有国际知名度的品牌，其产品使用的就是公司的名称，对于松下电器的产品而言，海外消费者只认可"Panasonic"这个名字，这种情况就很像汽车制造商富士重工的斯巴鲁汽车品牌了。

2008年年底前全球范围内爆发了所未有的经济危机，人们的恐惧感越来越强烈，日本各大公司已经实施大幅度改革的举措，或者已经酝酿过一段时间了，而这种恐惧感似乎强化了改革的重要性。更换公司名称的决定是由大坪文雄做出的。他的前任是中村邦夫。松下电器的这位总裁引导消费电子产品制造商走出日本1990年代的经济困境，实现复苏，从而大获赞誉。大坪文雄和中村邦夫一致认为，为松下集团选择一个单一的、具有国际认可度的名称，是一个重要的前提条件，有助于把公司推向日益无国界化的世界。然而，还是这位大坪文雄又投下一枚重磅炸弹，他宣布，松下将收购苦苦挣扎的对手三洋电机为子公司。

经过多年的结构调整，实施这样的举措，明确地反映出松下集团有一个清醒的认识，即，在当前的商业气候下获得成功，在全球范围内实现持续的增长，就意味着传统虽足以守成或引以为荣，但必须优先考虑在这个瞬息多变、混乱无常的世界中生存下去。

大坪文雄说："名称的变更标志着一个新的开始。这种方式就是要用统一的信息吸引民众和消费者，发展壮大要有统一的目标感。"大坪认为，变更名称很大程度上仅具象征性，只有在每个公司职员都支持的情况下，才会有真正的意义。

大坪文雄入职于松下电器，最初是在录音设备部门。他一心只专注于开发产品、革新生产技术。因此，他是作为技术人员在该公司得到升迁的。转向管理岗位后，仍抱有提高技术专长的愿望，正因为如此，才不断受到擢升。

大坪的同事和上司认为他是一位有责任心、有使命感的职员，行事勤勉、有耐心，不达目的不罢休。1979年，他年仅34岁，就在录音设备部门带领300名员工，负责一个设备流水线。

"受过良好的教育、品行高洁，或者头脑敏锐，都不是经理人成功的必要条件。行事勤勉是，勇于实践是。分配你的任务必须要全身心地投入，关键时刻要如实地评价自己。如果每天能坚持这一点，就能获得经商的诀窍、成功的要素了。"

大坪文雄深入细致地关注工厂车间的各种问题，熟悉了生产的各个环节，因而赢得了新加坡子公司总裁的职位，该子公司主要生产音响设备，由于业绩突出，后来他成了松下集团整个音响部门的主管，并成功地扭转了这项下滑的业务。

大坪赞同一种特立独行的工作作风和管理风格，这就意味着，行事果断，敢于尝试。他的前任中村邦夫思考问题的方式也非常独特。这也就说明了为什么这两个人是除公司创始人外最强悍的变革代言人。

无论创始人遗留的传统是好还是坏，对松下集团的影响始终是最大的。这样，只要大家还称之为"松下先生的公司"，就很难培养领导权独立的氛围。

中村邦夫就任总裁之后，下定决心，存乎创始人核心管理理念之外的一切都是革新的目标。这在"不破不立"的观点中有所体现；要破除与过去的成功似乎密切相关的东西，要创造有助于实现更大成就的东西。

这个新口号最终完成一个期待已久的进程，统一并舍弃了松下旗下的品牌，建构了一个全球化公司所需的更加理性的管理框架，也强调了要摆脱对创始人奉若神明的心理依赖。从这个意义上讲，该公司渴望在世界上重新定位，此时，从公司名称中去掉创始人的姓氏，具有更大的意义。

走向 V 形复兴

1990 年代初，日本资产泡沫破灭后，松下电器总裁谷井昭雄大胆地整改遭受重创的公司，只是几年后美国网络泡沫的破灭又把日本卷进去了。从此，一切都来得不是那么顺畅。

前面的那场危机影响范围只限于日本。这几次危机的后果就是促成了种种改革举措，在 21 世纪、在面对包括 2008－2009 年全球经济衰退在内接连不断的危机时，这些改革势在必行。变革必须在本质上具备划时代的意义，而这次变革确实具备。

他们首当其冲完全颠覆了那种传统深厚、以部门分工为基础的公司制度，尽管松下幸之助本人对此情有独钟。他们还对这个日益粗放、僵化的组织结构进行了大刀阔斧的改造。这些大幅度的改革措施包括：接受 13,000 位员工自愿退休，取消或合并不赢利的部门，把原来的附属机构彻底变为子公司，重新规划公司的业务种类。

降低成本虽说不可避免，但确实非常艰难。在日本经济飞速增长的那些年，整个国家都奉行不悖的企业管理制度——终身雇佣制、年功序列制——现在却被认为在未来经济低迷的情况下难以执行下去。失业的白领人员增多，失业办事处需要处理的问题激增。白领员工曾经是社会的栋梁之材，现在却成为"被重组掉的"没有什么特殊技能的闲散人员，国内出现了警告声音，国家社会安全网络瘫痪，将会产生灾难性的后果。

这一时期产生的影响是深远的，却被完全掌控住了，像松下这样的日本企业知道，在裁员的过程中，产品质量与开发丝毫不能松懈。日本自然资源匮乏，改革创新是唯一的复苏途径。松下抓住新兴信息技术时代的新机遇，推出新产品，进击消费电子产品市场，比如，Viera 等离子电视和 Diga 牌 DVD 录像机等数码产品。结合如火如荼的内部改革运动，利用新兴技术、针对新兴市场研发品，从而实现了中村邦夫苦苦追求的 V 形复兴。

不幸的是，经济周期似乎越来越短。数字家电革命挽救了濒临崩溃的松下公司，而消费需求低迷，这场革命又不了了之了。全球经济衰退又起，松下又陷入亏损之中。

大坪文雄掌管松下公司，再次进行结构性改革。业绩欠佳的部门和子公司被放到砧板上，公司再次裁员。但是这次改革更加迅疾，措施不是那么严厉。因此，从松下早期大刀阔斧的改革努力，以及新松下现在所走的方向来看，许多产业观察家预测，全球经济衰退态势一旦回落，在日本消费电子制造商中松下应该是恢复最快的。当然，拙著创作之际做出这样的判断，为时尚早。用松下幸之助本人的话来说：

> 对于商人来说，时代无所谓繁荣与危机。不管大环境如何，商人必须创造财富。

破除旧传统，创造新价值

大坪文雄毕业于关西大学，获工程学硕士学位，早年在松下音响部门工作，成为一名优秀的车间技术人员。松下集团现任董事长中村邦夫认为，大坪文雄身上完美地体现了他管理理念的另外一半"创造新价值"。中村邦夫自己则体现了"破除旧传统"的管理理念。他具有很强的目标感和个人能力，才让公司摆脱了创办人松下幸之助的巨大阴影，置之于新的阳光下，拆毁一些发霉的椽子。完成从松下电器产业株式会社到松下电器公司的转型所需要的一切，就是让中村邦夫的"破旧"与大坪文雄的"立新"完美搭配，把阴阳相辅相成的活力注入"选择与专注"发展战略之中。

他们二人都相信，重要的是将组织结构进一步理顺、精简高效，使之对市场需求更加敏感。这一点是创始人管理理念的核心，松下幸之助就是想为国民生产一些必需的东西。他开发过一种便携式电池供电的灯，可用作手电筒或自行车车灯，当时命名为"国民灯"（national lamp），就是希望能供国民使用。从那个产品起，"National"品牌就诞生了。中村和大坪力求打造出一盏"全球化的灯"，当然这是一个比喻的说法。

积极开发下一代技术

"我们需要面向新时代，每个人、每个员工都可以把自己当成本公司活动的主角，不能仅仅依靠创始人的伟大与魅力。那就是我们要用远大的目标和十足的个人能力，为未来创造伟大的技术。"

大坪文雄举出一个具体的实例：

> 我要谈谈电池技术，特别是可充电镍氢电池、锂离子电池和太阳能电池。我们尚待完全收购三洋电机为子公司，究其原因主要就是该公司在这一领域的实力不容小觑。如果通过并购能够实现相互协作的优势，那么，这就是我们必须要追求的方向。

几年来，三洋电机也一直在努力。其白色家电（冰箱、洗衣机和其他家电）的销售量陡降，整个公司甚至在2008财年度几乎破产。但是，三洋有一个取得成功的领域，就是其新"爱乐普"牌的镍氢充电电池和其他"爱乐普"牌消费产品。简单优雅的产品设计是为了唤起一种环保型的新时代生活方式，产品包括太阳能电池、空气净化器和节能灯。三洋和松下都认为这个领域有巨大的增长潜力，只要便携式音乐播放器和其他数码设备掀起热潮时，消费者能日益增强环保和节能意识。

松下幸之助发明自行车灯，就表明，松下的电池技术历来就有实力，与三洋联合，将主宰家用充电电池的市场。虽然技术上有一些重叠，但预期收益巨大，只要二者能高效地合并经营的话。松下和三洋预计，二者合并，到2012年的营业收入可以增加800亿日元。

大坪强调："由于目前的经济不稳定，为将来笼罩上一层阴云，这就需要激发变革的大胆举措。我们认为，如果汇集技术资产和生产实力，就可以增强我们的竞争能力，并将企业价值最大化。"

汽车电池和电子产品是极具潜力的领域，因而，大坪文雄也看好收购三洋所产生的优势。

"我们制定的目标是汽车电子领域的销售额要达到一万亿日元。三洋肯定是一个增长的引擎。全球的目光再次转向混合动力汽车，说明这是经济衰退时期的一个亮点，我们预计，电动汽车成为市场的主流时，所使用的第二代电池的市场需求会有大幅的增长。双方联合不同的汽车制造商进行技术开发工作，而且我们相信，我们的合作伙伴关系会为每一个汽车制造商带来巨大的利益。"

事实上，三洋为丰田普锐斯和本田音赛特提供电池，二者都是油电混合动力汽车。在全球经济衰退之际，丰田普锐斯的销量一直暴涨。三洋公司还拥有一项具有领先地位的技术，就是将油电混合动力车改装为插电式混合动力汽车的技术，准备在2011年之前进入市场。插电式混合动力车的车主可以在家里使用标准电源插座给车（锂离子充电电池）充电。目前的油电混合动力车可以通过车辆的行驶给电池充电，而插电式混合动力汽车将配置一个高容量电池，行驶距离比单纯依靠电动马达的油电混合动力汽车要远三倍（约60公里）。最大的障碍仍然是维持性能的同时降低电池的大小。但不可否认，汽车制造商越来越依靠像三洋电机这样的制造商所采用的先进的电池技术。因此，与三洋电机联合，可以使松下公司在未来利润丰厚的汽车动力市场竞争中，产生巨大的飞跃，抢得最大的市场份额。

松下集团旗下各个公司也发生了大的变革。2009年9月17日，主要生产照明灯具和电气设备的松下电工株式会社宣布，将开始生产和销售电动汽车充电站，名为 ELSEEV，是配备 200 伏插座的户外充电设备。按常规计算，每"泵"的成本约 400 万日元，松下表示，它已设法把成本降低至约 20 万日元，即二十分之一。价格低廉的代价是充电站只能以缓慢的标准家用插座速度给车充电，但松下公司希望在 2011 年销售 1 万套独立充电设备给一些公共设施，如图书馆，或是出售给公司以备停车场之用。ELSEEV 可能是松下公司与三洋电机联合后，扩大能源业务更直接的结果之一。

除蓄电池组之外，三洋的太阳能电池也拥有世界一流的技术和生产经验。如果说，三洋在电子元器件、商业制冷设备以及数码相机之类的数字成像等领域中最大限度地发挥其产品开发的实力，那么，住宅和商业楼宇的总能量管理解决方案就在松下公司未来收益中占有相当大的比例。

总之，与三洋联合，松下就能够扩大与能源相关的所有业务。松下公司目前正在大阪建设一家专门生产锂离子电池的工厂，预计在 2009 年 10 月投产，计划未来五年内斥资 1,230 亿日元以上。

就其本身而言，三洋有望自 2009 年起大幅提升主要用于油电混合动力汽车的锂离子电池的产量，计划未来六年内在这个业务上投资约 800 亿日元。

松下通过收购三洋，扩大规模，总收入提高到 11 万亿日元，并且超越日立，成为日本最大的电子产品制造商。在某种程度上，大坪可以重树松下公司在能源产品和服务领域中全球领先的地位，同样，这也取决于合并三洋的成功。但有一点是肯定的。在大坪的领导下，松下肯定走上了中村所说的"立新"之路。

能源并不是松下追求增长所依赖的唯一领域。除了传统的音像制品和白色家电，大坪是急于针对"中等消费阶层"开发新产品，即捕捉金砖四国及其他新兴国家中等收入的客户需求。人们一向认为，高附加值、达到最新技术水平的产品在新兴国家中很难卖，然而，一旦全球经济从 2008 年的经济衰退中复苏过来，这些高需求量的市场往往会释放出巨大的购买力，抗拒这一点也是很难的。

换句话说，松下可能会实行双管齐下的全球战略，向发达国家提供更多的能源领域产品和服务，而对新兴的工业化国家，提供视听设备和白色家电产品，并辅之以深深植根于当地社区的服务。

松下创始人松下幸之助所说的众多至理名言中，有一句话是针对推出新产品的动力，明确地表达了"破旧立新"的观点。大坪文雄和他的前任中村邦夫力图重振的公司，所依赖的就是这个"破旧立新"的企业文化。

"干得好。你已经创造出了真正伟大的东西。那么，加油吧，再去开发一个新产品，这个东西过时了。"

如果断定这句语气轻松的俏皮话是一本正经的指示，那么就可以这样解释：始终保持一种永不懈怠的求知欲，始终把目光放在为之奋斗的新目标上，要不断地超越自己。因为这句话里潜藏着成功的秘密。

结语：革除旧影响，创造新传统

1918 年，松下幸之助创立松下电气器具制作所，而在 1935 年，第一次更名为松下电器产业株式会社。75 年后，于 2008 年 10 月，将三个平行存在的品牌"Matsushita"、"National"与"Panasonic"统一在一个名号之下，将公司和品牌定名为英文"Panasonic"。

松下公司总裁大坪文雄，上任只有两年多，还是一个新领导，更名的举措正是公司上下贯彻的名为"破旧立新"管理理论的组成部分。这个管理理念很快就得到了验证，有 160 年悠久历史的金融服务巨头雷曼兄弟公司宣告破产，旋即引发了金融市场的危机和全球经济衰退。然而，正当全球企业收缩投资、削减开支之际，大坪文雄决定出资收购三洋电机株式会社，成为日本最大的电子制造商，在有发展前途的领域力争持续增长，比如下一代电池，可用于油电混合动力马达,打入中国这样新兴工业化的市场。

无论从哪一个方面来讲,松下这个公司的建立和持续发展一直以来依靠就是其领袖松下幸之助的人格魅力和遗泽。因此,很难在经理人之间培养独立的领导风范,公司也缺乏这样的氛围。他们更像是"松下幸之助先生的公司"的管家。松下公司可以从创始人神圣的制造业(物作り)精神和管理理念中汲取力量。但松下公司董事长中村邦夫深信权力的作用,他鼓励改变思维方式,要关注个人,而不是魅力超凡的创始人。作为公司的核心成员,他认为必须坚守一个立场,那就是顺应时代要求,树立客户至上的观点。

随着1990年代初日本资产价格泡沫的破灭,在经济增长停滞的十年间,中村邦夫本着"破旧立新"的信条,采取措施重振公司,发誓要改变一切,但创始人的核心经营理念除外。他力图破除与过去的成就紧密相关的传统,创建一个新的公司,以顺应市场需求,永图发展。

但是,中村邦夫于2000年6月就任松下公司总裁之际,适逢时势不佳;网络泡沫破灭,经济状态急剧恶化。中村没有打开一个新的局面,反倒是承担了一个污点:他执掌松下时,在2001年出现了创建公司80年来的第一个赤字。"立新"似乎只得搁置起来。中村必须采取一个巨大的重组计划。他号召13,000人自愿退休,主要是中层管理人员,关闭或取消业绩不佳的单位,解除了历史悠久、经营粗放的分工体系,虽然这是创始人本人建立的;将附属公司并购为子公司。结合这些紧缩措施,还以新产品进击消费电子市场,比如,Viera版等离子电视和Diga牌DVD录像机等数码产品,因而为公司播下V形复苏的种子。7月12日出版的《商业周刊》中,中村邦夫入选"亚洲商界领袖25强"。这期杂志把中村的改革措施当作案例研究的对象,研究通过重组并开发有实力的新产品对一个尾大不掉的传统公司进行重组。借助一系列的改革措施取得一定程度的复兴后,中村邦夫毫不犹豫地把总裁职位让给有工程学教育背景的大坪文雄,自已担任董事长一职。

中村邦夫毕业于大阪大学经济学专业,研究过日本的经济和历史,在大阪大学、在美国分公司供职时,做过详细的调查研究。而大坪文雄毕业于在关西大学(也设在大阪)研究生院工学机械专业,在松下音响部门的制造车间有过完美的企业管理经验。中村邦夫对复兴战略的"破旧"部分投入相当大的精力,相比之下,大坪文雄似乎更倚重"立新",延续了中村改革措施中关键的"选择与专注"战略。大坪自己认为"增长"就是他的工作使命。

"雷曼冲击"爆发后的2008年秋天,全球经济继而衰退,数字家电销量一落千丈,截至2009年3月的财年度,松下又陷入财政赤字之中。

中村邦夫不再担任总裁,继任者的经历也很离奇。这个本要"立新"的人迫于无奈还要放弃一些想法。大坪裁掉部分员工,关闭业绩不佳的部门和基地,同时拟定了一系列新的长期改革措施,旨在市场复苏时该公司能顺利运营。其中包括收购三洋电机为子公司,因为三洋电机在新一代锂离子电池和太阳能电池这个大有前途的领域非常有实力,而且,收购后也可以为中国和印度这样的市场转产低价位的数字家电。

大坪带来了强烈的品牌意识、强大的研发实力和尖端的数码技术,这对松下的转型是非常必要的。大坪要把松下转为一流的充满生机的全球性公司,以消费者为导向,能够迅敏地顺应市场的结构性变化。不论是迅速崛起的金砖四国,还是经济不断衰退的全球,在这场重大的变革之中,大坪仍然坚守公司创始人松下幸之助的管理理念。

"所有企业活动都继续贯彻这个管理理念的核心内容,"大坪在松下公司的互联网站上这样写道。他把公司界定为一个公共实体,它要了解"顾客第一"这一原则的首要性与"每天重新开始"的必要性,践行"以集体的智慧参与管理"。

大坪文雄的主要管理理念

- 改变思路，把每个雇员都当成主角。
- 时时记得变革，特别是在经济不稳定和未来不确定的时期。
- 保持求知欲，制定目标，要不懈努力，不断地超越自己。

松下电器公司

成立时间：1935 年 12 月 15 日

大坪文雄，总裁

总部：大阪府门真市大字门真 1006 番地

　　　http://w.panasonic.net/

资本：258,740 百万日元（财年截至 2009 年 3 月）

销售总额：7,765,507 百万日元

营业利润总额：72,873 百万日元

净利润总额：378,961 百万日元

员工：292,250 人

11
业务不必居于第一位

长谷川闲史
总裁
武田药品工业株式会社

1946年6月生于山口县。毕业于早稻田大学政治经济学院，入职于武田药品工业株式会社。曾任TAP制药公司的总裁（美国雅培制药有限公司与武田药品工业株式会社的合资公司），担任医药国际部总经理10年。1999年入选董事会，后任企业策划部总经理，企业战略与策划部总经理，2003年任总裁。现为经济同友会副会长。

从中间人(药剂师)到药品制造商

武田药品工业株式会社是日本最大的制药公司,二百多年来,一直是日本随处可见、备受信赖的品牌。但是,与日本所有历史悠久的大公司一样,武田药业要面对萎缩的国内市场造成的增长障碍,要面对在日益国际化、资本日益密集的产业中保持竞争力的巨大挑战。简而言之,武田药业有必要实现一个飞跃,成为重要的国际企业。

总裁长谷川闲史郑重声明,致力"在全球范围内开发高级药品,改善个人的健康状况,提高药品质量"是该公司的使命。"武田信条"是公司的基本理念,奠定了武田药业所有经营活动的基调。公司网站上的定义是,"通过以诚信(公平、诚实、毫不懈怠)为基础的各种经营活动,制造药品,持续不断地扩大业务。决心要对社会有所贡献。"长谷川进一步论述道,武田信条"始终如一地贯穿于本公司二百二十多年的历史之中……"并且,"未来的制药事业永远不会偏离这一核心价值观。"

武田信条所蕴含的核心价值观的形成,早于美国制宪会议;早于法国大革命。因为武田药业成立于1781年,当时正是江户时代(1603—1868)的鼎盛时期。创始人武田长兵卫当时只有32岁,是一个土生土长的大阪人。他开了一家小生意,从批发商手里购进药物,分成小份,零售给市镇周边的人们。他是一个游方药师,是供应链的最后一个环节。正是从这种不起眼的游方行医起家,武田药业诞生了。

武田长兵卫的家在日本古都奈良京京畿小镇,离做生意的地方大约19英里。开始他给一个名叫近江屋喜助的药剂师当学徒。武田准备另谋出路时,他的恩师将一半生意传给了他。

按照那个时代的传统做法,企业的每位继承者都得用长兵卫这个名字,再把这个名字传给继任者。因此,先有武田长兵卫一代、后有武田长兵卫二代，一代代延续下来。到了武田长兵卫第四代，决定购买少量的进口西药，让这个家族企业尝试一点新东西。当时进口到日本的有 18 种西药，其中包括治疗疟疾的奎宁、治疗霍乱的石炭酸。

1895 年，各种药品的市场需求大增，长兵卫四代决定从供应药品转为制造药品。他用自己的积蓄在大阪建立了一家生产盐酸奎宁和抗腹泻剂的工厂，这标志着武田作为一个制药公司的真正开端。

从那时起，武田通过生产和销售药品，逐渐发展起来。1954 年，推出新维生素 B_1 优硫胺，实现了第一个重大突破，因而，这家公司在全国声名大振。

在当时的制药公司中，武田药业在产品开发方面确实是锐意进取，努力扩大生产那些方便寻常百姓家使用的药品。正是因为如此，武田药业获得消费者广泛的支持，最终，发展成为全国最大、最知名的制药公司。

这主要归功于稳固的管理基础和"武田信条"，甚至在二百年以后的今天，武田药业的某些重大成就也是源自于这个"武田信条"。1990 年代，创业家族的后人武田国男就任公司的总裁，此时的日本深陷于后泡沫时代的经济衰退之中，逐渐适应了这个缓慢增长的新模式。尽管如此，武田国男实行大胆的人事改革措施，采取"选择与集中"，努力实现了高额赢利，这一点很像松下集团的中村邦夫。在他完成改革之际，也将武田药业发展为赢利达一万亿日元的公司。

像松下集团一样，新的经理人应该体现公司的核心价值观，也能够为公司提出 21 世纪的新任务，这样的人才能身膺总裁之职。长谷川闲史有过 13 年的海外工作经验，是最佳的总裁人选，人们认为他能够带领公司打入国际市场，目的在于将武田药业的赢利翻一番，达到两万亿日元的水平。

新的"武田信条"

连续 12 年，武田药业创下赢利的新高。长谷川闲史喜欢说的一句话是,"管理企业没有什么诀窍。"尽管他笃信"武田信条",但自2003年上任的那一天起,就勇敢地走上一条不同于其前任武田国男的道路,虽说武田国男是迄今为止武田药业最具人格魅力的一届总裁。长谷川闲史上任以前,武田药业引以为荣的是自主开发新药品这一鲜明、成功的企业文化。然而,长谷川一上任就质疑了这一观念。

长谷川相信,任何公司都不要指望独揽所有好的理念,要向人学习,而且制药公司完全独立地开发具有突破性的新药品越来越难,成本越来越高。必须主动地走出去,寻找那种可以开发出突破性药品的要素。因此,长谷川毫不犹豫地提出了关键的战略收购计划。

武田国男已将公司发展成为赢利万亿日元的企业。他也认同长谷川的做法:

> 十年来,我们主动关闭了诸如食品部门的一些传统企业,把精力和物力更多地集中在核心竞争力上:开发生产药品。我认为,这样就可以积累财政实力,走向全球。但接下来的问题是如何最佳地使用那笔钱。好吧,利用新的组织结构,详加研究,将那笔钱有效、恰当地用在收购其他公司上。这就让我们的未来充满希望了。

武田药业对长谷川闲史的期望值很高,认为他是带领企业走向全球、举措得当的不二人选。他的职业背景和从业成就表明他能做到这一点。只是他的职业生涯从来都没有涉及具体的业务:

> 最初进入这个公司,我被安排到一家工厂的行政部门。那个工作我很难适应,与所期待的不怎么相关。我出过很多错。过了很长时间,才发现几乎没有新员工分派到那个部门。换句话说,新员工分派到那里,也不会待太久。不知道为什么我最先被派到那里,不知道是培养我呢还是要甩掉

我。但在那里我可以犯错，也能从错误中学到东西。

即便一个人对行政工作不太生疏，这份工作也是很艰巨的，行政部门充斥着各种人事问题需要协调、解决。因而，处理棘手的局面就是他的工作。长谷川经受了很多磨难和挑战，但他坚持下来，履行了职责：

> 我感觉还是很像回到原来的职位上了。我没有完全脱离原来的岗位，究其原因，也许是即便事情没走对路，也从没想过必须掩盖那些过失，或撒谎。失败，当然都想避免，但如果、或者说确实发生了，或者说将要发生，关键是要尽量减少损失。时光不能倒转，但你可以从错误中学到东西。

长谷川常常提及迅速采取措施减少损失的重要性，主张用可靠、稳妥、诚实的方法确定结局，保证不重复同样的错误。

长谷川说，他学会了控制自己性格中急躁的一面，"倾听周围的声音，商讨问题时要沉着、公正、透彻，但做事要果断"。

这样一来，长谷川常常与人面对面交流想法，虽说很耗时间，但这是其管理风格的重要一面。工作在一线的员工知道，他们的想法至少可以让总裁听到，往大里说，能影响或者构成公司的决策。从管理的角度，尽可能地倾听人们的意见，不仅肯定能促成更正确的选择，而且也是面对管理风险时最稳妥的手段。

没有什么办法能确保听取到各方面的意见，所以，长谷川主张，如果有条件的话，面对面的交流就是最佳途径，其他形式的交流，比如说电子邮件或者传真，也能物尽其用。重要的是确保双方沟通顺畅。

孩提时代，长谷川的父母从不强迫他学习，反而鼓励他出去痛痛快快地玩，这种情况在日本可是不多见的。日本的课外补习班遍地开花，到处都是，而且像学校一样严格。长谷川放学回家之后，马上跑出家门，到房后的山里去玩，玩到天黑才回家。他长于观察、喜欢模仿，这是他的学习方法。有一回，七拼八凑做成的夹子居然还捉到一只鸟。那个年龄，在山路上跑上跑下，非常有趣，也能给他很多启发。但是，他真正喜欢的是相扑。输了接着摔，直到打赢为止。这种永不言败的态度一直支持着他在武田药业的工作，不管是早期任职于行政部门，还是现在做公司的总裁。

机遇来敲门时，一定要做好准备

武田药业一直是日本制药行业的佼佼者，但是，十年来，在全球的排名一直徘徊于第15名至20名之间。武田药业生产的家用处方药一直是其核心产品，约占净销售总额的90%，所得的利润可用于进一步开发产品、收购企业。那些治疗"与生活方式相关的疾病"比如糖尿病、高血压和消化性溃疡之类的肠胃病的药品行销全世界90个国家，一直是武田药业全球战略的关键。

2008年年底，武田药业的年销售额达到1.5万亿日元，然而，还是远逊于竞争对手美国辉瑞和英国葛兰素史克，二者的规模都比武田药业高出一倍。武田在2008年以近9000亿日元的价格收购了美国生物制药公司——波士顿千禧制药公司，这说明武田在认真考虑全球范围拓展业务的事宜。

由于对一些药物放松管制，制药公司目前都卷进有史以来最激烈的竞争之中。世界排名前20位的所谓"大制药"公司占有近60%的全球市场份额，为了一些微小的份额差异争得你死我活，没有一家公司能获得两位数字以上的优势。单纯依靠国内市场求发展，这些大医药公司都担负不起，尤其是一种药品的研发成本超过10亿美元时。

海外竞争对手经过积极整合、协调，都发展为庞大的经济实体。

武田药业几年来尽最大可能扩大海外业务，收购生物技术公司。全球经济衰退可能阻碍这一进程，长谷川说，关键在于坚持到底：

> 问题的关键在于，经营得法，面向全球制药业的未来发展时必须要踏踏实实地做好眼前的事。不管这一过程如何展开，其底线是，你是否生产出新的具有突破性、有实效的药品。只要我还是这个公司的总裁，就必须生产那些有良好收益的药品。每天都尽可能激励自己提高这个标准。我要直面那些自己都不愿意想的问题，希望每天都有进步。换句话说，不满足于现状，很重要。

高质量产品能赢得信任

宣布武田药业2008财年度的业绩时，长谷川语惊四座，那些人本来对公司研发新产品的做法心怀苛责。"我觉得，我们平时太过强调速度与产量，但这不一定有好结果。"接着，长谷川指明了一个新的方向：

> 我们转移一下研发重点吧！质量高于一切。要带给市场非常独特的产品，要不断满足没有得到满足的需求。

2008年4月，武田斥资近90亿美元收购了美国最早的生物制药公司之一、以马萨诸塞州坎布里奇为基地的千禧制药。其目的就是加强武田药业的癌症药品研发。

长谷川说："我们收购千禧制药获得收益不可估量，因为这家公司位于波士顿生物科学发展比较集中的地带。收购千禧制药这一举措非常成功，不仅仅是因为它在美国食品与药品管理局有良好的记录，还因为有尖端的癌症药品研发水平,而且还生产以免疫科学与生物技术为基础的药品。"

千禧制药是日本制药业有史以来最大的一笔交易。就美国方面而言,也必然是意义深远的。长谷川在2009年5月波士顿红袜队的一次棒球比赛中开出第一球:

> 我们需要为药品研发、海外销售网络、管理监督设立新的主管位置以承担车间现场更大的责任。迫切的目标是在日益全球化的同时管理要跟进。

武田药业已将销售网络拓展至加拿大、西班牙、葡萄牙和爱尔兰,同时也以新加坡、伦敦和芝加哥等区域基地为中心建立全球管理体系。但是武田药业40%的赢利还要依靠美国市场。

长谷川指出:"我们一直在承受美国经济衰退的负面影响,很久之后,奥巴马政府才宣布医疗制度的改革计划。"长谷川认为,在不久的将来美国的药品市场增长放缓,故而急于在加拿大、西班牙和英国这样的国家打通新的渠道。

武田药业的鲜明特点之一是利润高。2006年该公司公布:营业收入利润率达35%!

长谷川还指出:"即便是在高利润的制药业,这个利润率也是非常高的,我相信,全球企业前20强中,只有武田药业和美国安进生物制药达到了这个高度。"

长谷川认为,这些业绩就说明"武田信条"行之有效:

> 经理人有时必须无所畏惧。这不只是说,要有勇气创造全新的东西,更重要的是愿意停下来。其实,这一点是相当重要的,因为这对日本企业来说还是比较陌生的。日本经理人过去还不长于此。原则上,大家都明白,虽然一个人可能

为公司做出了多年的贡献，如果某些时候再也起不到作用，那么就必须予以变革。这可能是经理人必须面对的最棘手的工作。但不采取必要措施，这样不仅伤害到那个人，而且还会削弱整个组织。强化组织行为，是公司经理人的工作。

长谷川对手下人的期望很高，相信公司哪怕最薄弱的环节也要一样强大。他有崇高的理想，大多数人都称他为"真正的信徒"。为了实现所提出的目标，他期待每个员工都有像他那样崇高的理想：

> 几年前，我们设有顾客关系管理部门，该部门损耗率很高。我要求那个部门要从速解决这个问题，一名员工讲，这在公司里是司空见惯的。这是我没想到的。我又生气又失望，把那个员工叫到办公室，简明扼要地讲了讲我的想法："问题无处不在，不等于这件事就合理了。"当时在他心目中，我们公司与其他公司没有什么不同。

如果公司某些环节出现了问题，一定不要耽误时间，必须马上予以改善。不要指望过些时间，问题自己就解决了。那也是领导能力的问题。领导者必须能够早一点发现并及时应对挑战。意志顽强、永不言弃就是武田信条的一切。

与迅销的柳井正相似，长谷川闲史的管理风格是坦诚布公地与员工交流，既有表扬，也有斥责。长谷川感叹地说："日本有一个文化传统，就是说话不直接。"他对这种智力游戏没有耐心。公司要向全球扩张，还要建立一个更加国际化的工作团队，这种文化传统必须改变。如果长谷川能将两百年的经营理念，即耐心与坚持，融进当代的全球化的模具中，重视发展速度、开放性和多样性，那么武田药业就会发展成为一家稳固增长的公司。

结语：迈向下一个两百年

武田药业的历史可以回溯到 1781 年，是现存历史最悠久的公司之一。创业之初只是一个人在大阪零售日本药，而后创办了一个家族企业。那时候，企业与顾客之间的信任主要是建立在家庭信誉上。所以，企业必须保留那个名称，不管是传给后人，还是交给弟子。这个传统在武田药业保留了近两百年之久。1974 年，武田长兵卫六代上任。他的第三个儿子武田国男 1993 年就任总裁之后对该传统实行了大刀阔斧的改革，别具一格地制定了积极进取的扩张战略，旨在将传统的家族企业转变为一个全球性经济实体。武田药业的家族延续到武田国男这里就结束了。

国男的哥哥本来要继承企业，成为武田长兵卫七代，但就在上任之前他死了。武田国男就任总裁时，决定不继承"长兵卫"这个名字，采取了几项重大的改革措施，比如，确定外向型经营模式，取消非制药类的部门更专注于药品生产，等等。国男也动摇了传统的管理惯例，引入绩效激励机制。这一切都源于一种紧迫感和危机感，因为武田国男相信两百年的传统在很多方面弊大于利，不利于公司与时俱进，跟上时代的发展步伐。当时，武田国男选定不属于武田家族的长谷川闲史为接班人，便离开了日常管理工作的岗位，任董事长，而到了 2009 年就从董事会退休了。然而，长谷川闲史出生于 1946 年，属于战后的一代，他可以利用自己丰富的国际经验，将这个日本最大的制药公司重塑为世界前十强的全球性公司。

武田国男常常对比佳能公司的御手洗富士夫与丰田公司的丰田章一郎，他们都是家族企业的直系后裔，都决定改革家族传承的做法。他们觉得经理人的使命就是重理性轻传统、重人才轻门第，这是保障企业在 21 世纪竞争激烈的世界中生存下去的必要手段。

日本有许多历史超过百年的公司。它们延续至今，多数是因为对日本传统的经商之道有着深刻的理解，对转瞬即逝的风尚保持一种克制的态度，面对风险小心谨慎地权衡得失，而不是急于求成。运营最成功的公司都毫不犹豫地将人才置于家族传承之上，以确保公司领导层的合理性，这对于确保公司长期稳步、充满活力的发展很有必要。

1980年代后期，长谷川闲史在芝加哥任TAP制药公司（美国雅培制药公司与武田药业的合资公司）副总裁时，武田国男就注意到他潜在的领导能力。武田国男以前也做过该公司的副总裁，并且因先进的前列腺癌特效药醋酸亮丙瑞林，在美国赢得了创办早期最重大的成功。这个成功为进一步研发重要的药品提供了资金。长谷川闲史任TAP总裁时也主持研发了治疗溃疡的特效药——培兰索拉唑缓释胶囊。

2008年，TAP成为武田药业的全资子公司，同年，收购千禧制药。TAP在武田药业全球发展战略中发挥着日益重要的作用，尤其是其旗舰药品的独家专利过期后，再以有研发前途的新药补充供货渠道时更有作用。

"只有充分创造了有利条件，好运才会来。"长谷川闲史喜欢这个说法。这句话得自于亚历克斯·罗维拉的书名《好运：为企业与生活的成功创造条件》。

武田国男身上具有自上而下的领导魅力，对一个传统公司采取巨大的改革措施，也有血统门第上的可信度。然而，长谷川闲史更相信自下而上的方式，更相信团队合作。2008年7月，他以日本经济团体联合会副会长的身份在东京发表演讲，列举日本企业管理风格的优势与劣势，提出必须采取改革措施以提高现有企业环境下的竞争力。讲求团队精神和忠诚、大力强调质量与安全、树立长远的目标、执行任务团结一心、交流信息无所保留，以及具有改善生产过程、提高技术水平、不断改进产品的能力就是企业的实力。他认为，需要变革的是提高组织结构的民族多样性，提高外语水平，更加强调契约关系而不能仅仅依靠含糊不清的"信任"关系。如果武田药品工业株式会社要在接下来的两个世纪里成为真正一流的全球性企业的话，他视之为管理缺陷或者东西方差异的东西,一定得巧妙地予以协调。

> **长谷川闲史的主要管理理念:**
> - 只有充分创造了有利条件,好运才会来。
> - 要充分听取周围人的意见,但行动起来要果断。
> - 永远不要满足于现状,每天都尽可能地提升衡量标准。

武田药品工业株式会社

成立时间:1782 年 6 月

长谷川闲史,总裁、首席执行官

总部:大阪市中央区道修町 4 丁目 1 番 1 号

　　　http://www.takeda.com/

资本总额:63,541 百万日元(财年截至 2009 年 3 月)

销售总额:1,538,336 百万日元

营业利润总额:306,468 百万日元

净利润总额:234,385 百万日元

员工:19,362 人

12
赢在新的工作环境

坂根正弘

董事长

小松制作所

生于 1941 年，岛根县人。1963 年毕业于大阪市立大学工程学院，入职于小松制作所。1990 年任小松德莱赛公司（现在的小松美国公司）总裁。自 2001 年 6 月起，任小松制作所总裁、首席执行官。2007 年任董事长。

二战揭示出巨大的技术差距

这是 1941 年 12 月 7 日袭击珍珠港之后不久发生的事。日本的战争机器扑向整个亚洲,占据了先前由美国控制的区域。然而,日本军队进驻美国和盟军逃离后留下的阵地,满眼看到的是很多施工机械,即推土机。他们简直不相信自己的眼睛。战前,日本在各个重点大学致力于研究建筑设备,但是,能派上用场的东西生产得还远远不够,似乎还没什么东西能满足军队的要求。

比之于日本已用于农田耕作的小型农机设备,美国的推土机简直是技术奇迹了。眨眼之间,大片大片起伏不平的荒野就可以推成平整的草场。这样的工作量通常要几十个劳动力干几个星期才能完成,竟然由一台推土机几个小时就处理完了。

对于很多日本人来说,尤其是日本帝国陆海军士兵看到那些推土机,又是着迷,又是沮丧。据说,有的士兵低声抱怨,对抗这样的技术实力,日本绝无战胜的可能。

战前,小松制作所的创始人竹内明太郎亲眼见过美国推土机的运转,留下非常深刻的印象,这也同样激励着他,开始动手建造施工机械设备。小松制作所获得了一台美国人丢下的推土机,日本军国政府明令予以拆解,希望在国内生产的推土机能用到战场上。

小松铁工所一直是竹内矿业的内设机构。竹内明太郎任竹内矿业的总裁,主要是铸造机械器具与采矿设备。小松铁工所在 1921 年独立出来,更名为小松制作所,时局已经糟得不能再糟了。小松制作所刚成立的最初十年内,遭受了数次危机,其中两次是毁灭性的,1923 年的关东大地震与 1927 年的昭和金融危机。

小松制作所艰难生存到了 1930 年代。可是,1931 年发生满洲事变,即中国历史上的九一八事变,日本出兵占领中国的东北,这就为小松制作松打开了新市场,即满洲和朝鲜半岛。小松制作所开始制造日本最早的农用拖拉机，除拖拉机和坦克之外，也开始生产原始军用推土机，以备战争之需。但是直到二战结束后两年，小松才制造出能够使用的商业推土机，叫 G40，人们认为这是全日本推土机的始祖。不久，小松制作所的农用拖拉机和推土机得到全国范围的认可，被当成技术奇观。小松生产的机器设备，还有这种推土机在战后日本重建中发挥了巨大的作用，大异于战争中所承担的使命。

对变革管理方式深信不疑

小松制作所致力于生产自卸卡车、叉车和液压挖掘机，最后一种产品发售时称作"电铲"，后来成为所有液压挖掘机的通称。1990 年代，小松制作所居然向路特斯和威廉姆斯等一级方程式赛车队提供数字技术和外围设备变速箱，从而，提高了小松制作所的声誉：世界一流的可靠性、稳定性和性能。

自 2009 年起，小松制作所成为亚洲领先的建筑设备机械制造商。在全球范围内，仅次于卡特彼勒。坂根正弘任总裁时，该公司出现了 800 亿日元的赤字，亟须结构性改革。坂根毫不犹豫，迅速改组公司，使公司在经济增长放缓的环境下能够扩大赢利。

除了普通的削减成本措施之外，坂根提出一个问题，如何更好地发现并应对工作现场的问题，主要是建筑与采矿设备操作中的问题。他主持开发了一个项目，旨在让所有公司成员都能得到实时数据和状况，以便立刻制订有效的应对措施。坂根希望大家能摆脱那种自欺欺人的想法，比如："有人会处理的"，或者"多少还会有点用"。

这并不是说，小松制作所没有警惕质量管理问题。坂根就任总裁之前，小松一直就是"改善经营方法"和总体质量管理（TQM）的开拓者和领导者，而且制订了应急机制，在问题发生的那一刻就能解决问题。但是，坂根觉得这个机制还不够普及。还有太多的人仍然在机制之外。这个机制不仅仅要部署在单纯的机械问题上，必须要适用于发生在工作现场的一切事情之上，从问题的识别到应对的方方面面。坂根想要公司里的每个人都能够做到的是，能借助所谓"展示和分享"这种信息与事实共享的程序，设想工作场所发生的所有问题。

坂根的另一项改革措施就是必须要利用"改善经营方法"，必须要持续不断地改善并解决问题。这项改革措施包括收集质量反应的数据。有多大的效果呢？有多高的效率呢？有多好的适宜度呢？这包括对反应自身的特性详细评述，不仅仅是关乎效用度的问题。如果工作场所之外的部门遇到相似的问题，也应该立刻获得与进展或停滞的充足信息。结果，有效地废除了那些人浮于事的反复尝试，工作效率大大地提高了，甚至超出了坂根的期望值。

自从就任小松制作所最高职位以来，在短短不到一年之内，坂根实现了奇迹般的复苏，消除了赤字，赢利达330亿日元，克服了"极其严重"的局势，而周围的人只是关起门来对此局势议论纷纷而已。

"你卷入某个状况之中，总是有原因的。"坂根认为，"陷入债务有理由，赢利也有理由。一个经理人必须要竭尽全力，弄清理由，找到起因，明确错误是什么，然后，孜孜不倦地完成每项任务。"

坂根说，必须要始终清楚工作场所发生了什么，要有畅通的沟通渠道，以免忽视导致问题的各种因素。改革一个组织从本质上来讲就是改革工作场所。也就是自下而上。否则，改革行不通。坂根说，70%的附加值就是在工作场所创造的，所以，专注于工作场所就是挽救公司的办法。

很少有经理人能像坂根正弘谈及工作场所的重要性时那样激情澎湃：

> 人们要牢牢把握工作场所的状况，实际上是说来容易做起来难。当然，"牢牢把握"并不是说必须待在工作场所。但应该让公司每位成员都能想象得出公司在怎样经营，甚至

包括成本在内。必须要清清楚楚地掌握正在开展的项目数量和进展状况、牵涉到哪些工作、哪些子公司参与其中。这就是说，把握公司的现状，要有像鹰一样锐利的眼光。

这就是坂根喜欢称之为"可视化原则"的内容。

如果凸显了员工的重要性，他们就更能展现聪明才智，这对于独立解决问题来说是很有必要的。另一方面，如果他们没有归属感，往往就会对自己能做些什么感到焦虑。所以，要明确各个问题在何种程度上相互联系，就容易看到森林找到树木，掌握问题的根本。这样，就能采取果断的措施。

诸如"特殊产品应该采取的最佳生产流程是什么？"、"最佳的供需平衡是什么样子的？"之类的问题，可以转化为人人必须掌握的数据。把握细节有利于为大家描绘一个更远大的宏图，其结果就是获得更高的收益。

坂根所采取的机制已然存在该公司的经营之中了，而且也充分发挥了效用。各个领域的成本，原先不曾触及，现在要密切关注：

无所作为，没有正当的理由；放弃，也没有正当的理由。你急不可待地说，"这种开销绝对有必要"或者"这个成本不可避免"，那我就说，"如果真是那么回事，就证明给我看，它必须经得住合理的置疑。"

结果，两年来固定成本就削减了 500 亿日元。成本大幅度削减之后，一个健康发展的小松制作所似乎突然出现在眼前，这样就激发起产品开发的饱满热情。充分利用信息技术，将更多的实时信息融入到决策之中，小松制作所就能创造出大量的新产品，提供全新的服务项目。例如，小松给产品装配上 GPS 功能和电信设备，这样，使用中的机械就具备了跟踪与监控的功能。小松就可以探知机器设备部署在何处、使用状态如何，对于更加精准、实时的管理来说就更加方便了。

机械设备发生功能故障时，维修反应迅速、及时。由于机器的使用状况可以得到监控，预防性维护就与提高运转率同样重要了。如果人们认为小松设备的运转率非常高，那么，各公司就会选择小松，无论使用率还是购买量都比对手产品大。

坂根也力求提高管理的透明度和可视化：

> 有些严重的问题隐而不见。人们就错误地认为，问题实际上不在于制造过程，而是隐含于销售、营销和分销等环节之中，此时，我们就不能移除我们的机械产品。彻底排除成本以及其他因素之后，问题就明显了，我们就能减少浪费、裁除冗员、协调矛盾。自上而下，所有职能疏通改善之后，我们就可以回到公司的自然状态下，即，树立强大的品牌形象、提高竞争力。

这样，弱点非但没有加以掩饰，反而大肆宣扬。同时，雄心勃勃地引入新技术，比如，增加信息技术、全球标准化的零部件制造，更有利于该公司与对手展开最高水平的竞争。

"我们已经做到这样的地步：我们能够打造出非常独特的产品，而对手却毫不知情。"坂根说，"在信息技术的支持下，凭借共同的标准和平台就可以在世界各地的生产基地同时生产零部件了。我们不仅可以通过遍布全世界的组织架构共享相同的价值标准，而且还可以消除时间差异。"

这类生产方法的变化赋予小松制作所更大的灵活性，不仅可以适应市场需求的变化，还可以适应成本的波动，小松制作所能够动态地从优先关注某些国家调整为关注个体生产线。

创造最好的产品

看重信息技术的优势，决心驾驭时代的潮流，是一回事；实际应用新的先进技术和突破性的成功经验，是另一回事。坂根正弘相信生产设备与提供服务的重要性，相信小松制作所具有独特的优势，能够生产最好的设备，提供最好的服务。

> 我们称之为"弹突"（意为"独一无二、无可匹敌"）产品。我们要集中人力物力加强产品的优势。即便最无干紧要的、最"微不足道"的产品零件，至少也要与竞争对手的产品不相上下。但是，提前准确掌握一个上佳产品要达到什么地步，并不容易，因为你最不想做的就是最具创新意义、最神奇的东西，而从商业的角度来看实实在在是沉重的负担。

正因为如此，坂根正弘在各个领域削减经费，唯独没触及研发领域，因为他坚信，研发预算意义重大，没有研发，生产理想的产品就是空谈。

> 人们质疑我的想法，但我相信开发"弹突"产品的第一步，就是决定我们愿意把哪些领域让给竞争对手。我是说，一旦确定这些领域，就要考虑一种产品的哪些方面能够确保我们在未来几年内有相当大的优势。

例如，前文提到的小松机械 GPS 跟踪系统（KOMTRAX）不仅仅能够利用机载网络和全球定位系统来收集操作信息。它还是一个资产管理系统，可以监控设备操作状况，检测操作故障。从头开始建立类似的一个稳定的商业系统需要用上几年。小松的战略不是要止步于收取率先进入市场的利润，还要继续推进类似系统的精密性和实用性，达到难以复制的水平。这就是所谓"独一无二"战略的核心，即，以经久不衰的优势打造产品的品牌。

以改革创造就业机会

成本审核是任何结构性改革的重要组成部分。小松制作所在经济困难时期削减劳动力，也难免决策时的痛苦。但小松的信念是，即便到了部分裁员势所难免的地步，也要开展重组工作，以利于该公司恢复增长，进入新的发展阶段，从而创造重新就业的条件。

如果公司一味裁员、削减成本，这些措施最终会让公司人才凋零，削弱未来商业模式的战斗力。坂根正弘没有忘记，事情要由人做，公司要由人经营。

> 我认为，没有一个经理人以重组公司为乐。但有时你别无选择，只能是勉为其难，做些牺牲，因为你热爱这个公司，相信这个公司未来还会发展。任何重组工作不能毫无计划，必须对推动公司向前发展有效用，这一点非常重要。否则，牺牲就白白付出了，你也得不到职员的理解与支持。

在有实力的领域提高市场需求

小松制作所最大的对手当然是美国的卡特彼勒公司，卡特彼勒是具有世界领先水平的建筑和采矿设备制造商。但这两个世界顶级的大公司在销售策略上有很大的不同。卡特彼勒借助营销网络和生产基地以确保分销渠道的畅通。这种模式可使公司的经销范围逐渐扩大，但是，实现目标就需要相当长的时间。因此，早期的成效相当缓慢。分销途径一旦确立，海外的零部件订单就能在 48 小时内完成。事实上，卡特彼勒销售量的 40% 到 50% 都是借助于其营销网络以这种方式（主要是维修服务）完成的。

小松的营销方式与之大相径庭。该公司最初积极销售更经济实惠、更方便购买的轻型工程机械（主要用于土木工程）。换句话说，小松更注重在尽可能广泛的区域销售其机械产品，希望凭借逐点交易，建立更广泛的客户关系。

小松的低端产品已在广泛的区域里获得认可，希望在那些区域建立基地以生产零部件和其他建筑机械。与卡特彼勒的经营框架相比，这是一种更直接、更分散的分销模式。随着世界各地建立起越来越多的生产基地，这种模式相当快地带来了成效。此外，这一模式还得力于监控工作场所状态的 IT 技术和"小松现场"项目，本项目包括派遣受过专门训练的现场支持人员，包括在世界各地的重要基地开办培训班。有了这样的系统，横向联系起初多少有点弱，但随着生产基地的增加也得到加强。

在全球的市场份额方面，卡特彼勒至今还是小松的两倍多，在欧洲和北美尤为强盛。但是，在高速增长的亚洲市场，尤其在中国和俄罗斯，小松所占的份额比卡特彼勒高两倍。由于 2008 年全球经济的衰退，人们预期，建筑机械设备的未来增长应该出现在亚洲。

出于这个原因，卡特彼勒也正努力打入亚洲市场。自 1963 年以来，卡特彼勒与三菱重工各持 50% 的股份，成立三菱卡特彼勒有限公司。然而，在 2008 年 3 月 26 日，三菱通过股份赎回计划，降低持股比例至 33%，卡特彼勒成为新卡特彼勒三菱有限公司的大股东，并且可以选择在五年内获得完整的所有权。这样，卡特彼勒就获得了重要的地位，从而在快速发展的亚洲和亚太市场得以实施全面的经营战略。2008年8月，该公司改称卡特彼勒日本，采用集团控股的机制。卡特彼勒日本的主要产品是挖掘机，俗称"Yumbo"。这种挖掘机的型号齐全，适用于各种规模的建筑项目。卡特彼勒三菱挖掘机敏捷灵活、容易操作，在全球市场占有很高的份额，在全亚洲的建筑工地上发挥着越来越积极的作用。

小松制作所如果想把雄心勃勃的卡特彼勒继续困住，就必须进一步证实其产品与服务项目开发的独特性，巩固在亚洲市场的领先地位。

面临卡特彼勒日益施加的竞争压力，坂根正弘常常提醒员工他们共同面对的诸多障碍，希望能团结他们采取统一的措施。坂根带领公司实现了V形复苏，他感觉，实现自己的管理风格和理念就轻松一些了。他的指令有一种势在必行的紧迫性，即"强化优势，革除弊端"。坂根说，巩固优势对结构性改革来说就像改善薄弱环节一样重要。

> 我们的社会使命就是在各种条件下最大限度地提高建设工程的效率，确保安全性和稳定性。条件也因施工场地、工程目的的不同而各有差异。但是，不管是什么地域或场地，我们必须随时向客户提供工程机械，及时、适当地应对客户的需求。
>
> 因此，我们必须孜孜不倦地巩固优势，同时克服不足之处，不论是什么问题。这不仅仅限于我们的产品，还要面对操作设备的人员。

坂根正弘慷慨激昂地呼吁，要加强优势，革除弊端。在经济增长缓慢、全球竞争激烈的时代，日本制造业能保持朝气、健康发展，其关键原因就是坂根所倡导的主张。日本国内出生率下降，人口老龄化，日本公司是否能生存下去，并不像过去那样取决于产能和产量，而是取决于差异性和提供独特价值的能力。仅仅能制造并以有竞争力的价格销售高质量产品，是不够的。必须具备灵活性和机变性，才能快速有效地满足多样化的市场需求。

结语：工作场所的首要性

小松制作所董事长坂根正弘成长于岛根县，那个地区濒临日本海，相当偏僻。而他的出生地大阪是日本的大城市，坂根一直渴望更加繁忙而显赫的生活，因此，就读于大阪市立大学，1963年毕业后参加工作，当时日本的资金流动更加自由，市井盛传外国大公司要控制日本的市场。所有这一切让坂根正弘充满强烈的竞争意识，他要击退外国公司的觊觎，因为似乎只有汽车与电子业得到了政府的保护。坂根选择小松制作所开始职业生涯，一心要超越卡特彼勒，或者至少要开拓途径以防止被强大的外国资本击溃。

2001年坂根就任小松制作所总裁时，决心要打败世界领先的挖掘机公司卡特彼勒。他重整业务结构，改进公司总体质量管理（TQM）的实践经验。这种广泛、组织严密的改革活动旨在提高产品的质量水平，在各个层次上满足客户更高的要求。小松多年来一直是总体质量管理（TQM）的开拓者和领导者，但这必须要在更加全球化的规模上展开。

坂根慢慢地将自己实施总体质量管理（TQM）的经验当作人力资源开发的工具，改革价值链。这个价值链包括公司内部的研发部门在全世界开展的所有活动和对提供销售、服务的外部供应商和分销商的管理。坂根"以质量为中心的管理"理念重视工作场地和企业管理的可视化概念，强调与所有员工的交流，交流的内容包括公司现状、全球化挑战、世界潮流，以及公司对员工的期待：

持股人的可视化观念越强，公司就越能够提高质量和稳定性。因此，总体质量管理（TQM）不仅仅可用于制造，也有用于财务、人力资源以及公司活动的方方面面……现场实力是指工作场所实现目标与解决问题的能力。它是政策管理与日常管理的结合体。

坂根主张以总体质量管理（TQM）的方式在企业的方方面面实现工作场所的改进，各种改进措施相互依存，最终就能达到赢利临界点。任期结束时，坂根将本已深陷债务的公司推到高速发展的轨道上，因而，坂根被授予著名的戴明奖，以表彰他在提高质量方面取得的重大成就。

近年来，日本一些大公司都聘请外国经理人来管理公司。日产请来了法国汽车制造商雷诺汽车公司副总裁卡洛斯·戈恩，两家公司结成联盟。戈恩自上而下的西式管理风格，常常饱受争议，却是别出心裁。坂根正弘曾经问过戈恩，"您不认为保持日本制造业优势的做法一直就是由中层上下传达的管理方式吗？"戈恩回答说，"如果说自上而下是法国的管理风格，那么可以说，我对日本企业的印象就是自下而上的管理方式。但是您说的没错，也许最好的管理风格介于两者之间吧。"

小松制作所目前正致力发展为全球性的公司，所有新产品都安装了全球定位系统（GPS），这样，在世界任何地方只要有小松挖掘机在施工，就可以有效地监控、维护。因此，在高增长、高速建设的地区，如中国、俄罗斯和中东，甚至在遭受严重经济衰退的其他地方，小松就是这样运营的。小松全球战略的核心就在于坂根所说的"工作场所的首要地位和可视化。在现任总裁野路国夫的监管和领导下，这些理念仍然是公司经营理念的核心"。

坂根正弘的主要管理理念
- 强化优势、革除弊端的同时,加强组织的透明度。
- 要集中资源,打造产品与服务"独一无二"的优势。
- 要了解工作场所(现场),视现场信息为宝贵的资产。

小松制作所

创立时间:1921 年 5 月 13 日

坂根正弘,董事长

总部:东京都港区赤坂 2-3-6
　　　http://www.komatsu.com/

资本:67,900 百万日元(财年截至 2009 年 3 月)

销售总额:2,021,743 百万日元

营业利润总额:151,948 百万日元

净利润总额:78,797 百万日元

全球员工总数:39,855 人

13

提高管理水平

御手洗富士夫
董事长、首席执行官
佳能株式会社

　　生于 1935 年 9 月。日本大分县人。毕业于中央大学法学院。同年入职于叔父御手洗毅创办的佳能。1979 年任佳能美国公司的总裁。自 1989 年 4 月任高级执行官，1995 年该公司总裁、他的堂弟御手洗肇突然离世，富士夫就任该公司第六任总裁。2006 年任公司董事长，同年任日本经济团体联合会会长。

脱离医学本行

佳能株式会社已是生产世界一流的照相机、复印机、办公自动化设备的公司，居于全球领先的地位。其创始人之一、第一任总裁御手洗毅是一位真正的商界高手。

奇怪的是，这位一等一的领袖群伦的实业家最初的职业竟然是妇产科医生。御手洗毅从北海道大学医学院一毕业，就来到东京，开始在日本红十字会工作。二战前，在东京开设了御手洗妇产医院，使这个家族以出医生为荣的传统得以延续。

1933年，他的朋友内田三郎创业，生产高档的日本照相机，他给予热情的支持和中肯的建议。那个公司四年之后定名为精机光学工业株式会社，内田三郎是联合创办人。过了九年，御手洗毅不再做医生，成为一家照相机公司的总裁。公司的名字也在1969年改为"佳能株式会社"，用的是其照相机旗舰产品的商标名。1967年，公司创办的第13个年头，开始实行多样化经营，打出的标语是"右手照相机，左手企业设备。"

御手洗毅的眼界放得很远，思路似乎很开阔，想法不在眼前，但总来得很快。1962年，他先于其他公司把五天工作制引到日本，因为他有一个信念，"先有家，再要工作。"这个观念似乎是离经叛道了，当时的日本正沉迷于战后重建、追赶西方的氛围之中。如果有人提醒大家工作别太累了，要把家庭放在第一位，而整个国家正忙于创造经济奇迹，这个人似乎也太不合拍了。

对手有助于明确目标

启发御手洗毅与同事在日本创办一家精密仪器企业的是，他们奉若神明的德国照相机制造商莱茨和一架被冠以"照相机鼻祖"的照相机。徕卡照相机是德国技术的骄傲，远比市场上任何照相机都要高级，叠影对焦技术高超，二战中用于战场，拍下过许多战斗场面。

徕卡照相机的美妙之处在于其零部件高度精良的构造和块切割技术。其叠影对焦技术、滚珠轴承机械技术以及胶片装卸夹都巩固了它作为专业摄影人员的唯一选择的声誉。胶片装卸夹设计独特，能够保证胶片伸展平整。所以有句话说得好，"要就要徕卡。"而且，对徕卡照相机和其他产品，莱茨严格控制生产质量，为潜在的竞争对手设立了一个很高的基准。

即便是徕卡赢得了举世无双的声誉，一切也不是那么一帆风顺，因为德国的战事不利。徕卡相机是由很多复杂、精良的零部件组装而成，其成本大体上相当于建一个新家。徕卡打入德国市场时，好评如潮，但价格不菲，大多数人负担不起。所以，徕卡主要用于电影业。

徕卡相机无可匹敌的美和技术的完善确实有一个启示，就是人类技术可以达到什么样的境界。取景器使用了豪华的棱镜，取光及图像具有很高的清晰度，仅仅透过取景器看一眼，就会被震撼，尽管取景器不过是一个照相机零件罢了。从令人垂涎的巴纳克型到 M 型系列至今还在生产，徕卡相机在照相机领域占有一个崇高的地位，尽管该公司数次走到破产的边缘。

对御手洗毅来说，徕卡是其雄心的燃料。他为公司设定的战后目标是打造世界上最好的相机，"赶上，甚至超过徕卡。"

二战结束后，御手洗毅急于恢复照相机的生产。但必须征得驻日盟军总司令道格拉斯·麦克阿瑟将军的同意。得到允许之后，御手洗毅着手制订计划，利用所掌握的引以为荣的叠影对焦器，打入美国市场。他相信，在技术上佳能已经超过徕卡柔光罩和方便用户使用的可变倍率取景器，其饱满的信心正是源自于此。徕卡取景器极其复杂精密，用户手头必须准备多种外接取景器，以备使用不同的镜头时转换。御手洗毅认为，用户应该免除携带的不便，更不用说配置取景器的支出了。

令御手洗毅兴奋和自豪还有一个重要的原因：镜头。当时，f值——镜头光圈值，进入机身感光面的光量可供调节——不低于f/2。但佳能生产f值1.9的镜头。这是一个很好的机会，御手洗毅可以证明，日本拥有世界一流的相机生产技术。

不幸的是，日元对美元的汇率固定在360∶1，而且经济正蒙受通货紧缩带来的问题，东西卖不出去。这个状况一直持续到朝鲜半岛爆发战争，佳能获得的军用照相机订单蹿升。稍加改造之后，佳能所有过剩的库存一夜之间卖光了，就这样，佳能闯过了第一次重大的危机。

御手洗毅渴望打入正在形成、利润丰厚的美国照相机市场，同时，也开始招聘、培训年轻的技术人员。以徕卡为基准让佳能明确了目标。然而，立志超越徕卡就意味着不断地提高质量标准。佳能稳扎稳打，成为首屈一指的照相机品牌。

御手洗毅在美国发售自己的产品，可谓得天时地利之便，照相机得到了很高的评价。这不出奇，因为照相机已然得到驻日盟军热情的追捧。不少人都说佳能比徕卡还要好。但仍然有一个难以逾越的障碍要克服。日本仍在被占领之下。要找美国经销商时，驻日盟军中有人告诉他："我们不能以日本的品牌卖给他们。但如果用我们的品牌名销售就可以了。"御手洗毅断然予以回绝：

> 佳能必须以日本制造的名义行销全球。我不能依靠别人来收养我自己的孩子。

御手洗毅计划利用自己的资源建立一个现代化工厂，下决心打造自己的销售途径和网络。1951年，新下丸子工厂在东京多摩川沿岸落成。当时，佳能只有5000万日元的资金，建厂还需三倍于此的借贷。许多产业观察家认为此举愚蠢之极。

御手洗毅决心证明反对声音是错误的，新厂落成之后不到三年，也就是 1954 年年底之前，他还清了所有债务。建这个新厂对御手洗毅及其管理团队来说，要冒很大的风险，但是，他们抛开顾虑，坚信宏图大志一定能够实现。那三年间，佳能的销售额从 6 亿日元上升至 19 亿日元。

"全球化"还未成为日本的企业信条之前，御手洗毅早就产生了一个强烈的愿望，即在全球范围内取得成功。他把所有子女都送到美国读书，其中有一个儿子御手洗肇，毕业于麻省理工学院，后来成为佳能的第五任总裁。

> 要想参与世界竞争，知己知彼才能做得更好。

不要懈怠，要保持进取心

佳能第五任总裁御手洗肇 1995 年死于急性肺炎，公司的大权传到他堂兄御手洗富士夫手里。佳能公司并未采取家族传承的总裁交替制度，但是，富士夫就血统和才能而言似乎是不二人选。

御手洗富士夫至今未辱使命，成就了一个有远见卓识的企业领袖声名。他认为必须实行更加有力的现金流管理，强化公司的资产负债表。他的前任御手洗肇已经推进佳能成为世界上最具创新精神的电子产品制造商之一，然而，是富士夫着手精简这个过度庞大的组织机构的。他迅速将公司拖出液晶显示器、光盘以及个人电脑的生产业务，集中人员与管理资源用于加强公司的核心竞争力和优势，即生产照相机、复印机与半导体制造设备。

具体而言，富士夫大幅度改造了生产与开发部分，比如，以单元生产方式替代输送带生产方式：

> 单元生产的优势在于，一旦熟练掌握以后，生产能力就

会显著增长。开始要有很多人参与，半年到一年之后，生产相同质量的产品只需用一半人就可以了。只要换成单元生产方式，马上就可以清除闲置在工厂里的输送带。不管相信与否，仅此一项就可以腾出20个棒球场那么大的工作场地。

富士夫认为这就是"1＋1＝3或者4"的生产方程式。

这些"改革脚下的场地"的措施取得了成功，公司财务状况更加良好。利润总额由1995年的2万多亿日元增长到2004年的3.5万亿日元。税前利润从1995年的1000多亿日元到2005年的6000亿日元，增长了5倍。大部分赢利用于偿还债务，这表明了富士夫对财政制度的信念与敏锐。

几年前，御手洗富士夫在一个新闻发布会上公开解释了他的战略思想：

> 自千禧年过后几年来，我们见证全球经济格局发生了彻底的转变。亚洲生产能力大幅提高，全球市场充斥着廉价产品。我们将要在全球范围内面对巨大的供应过剩。我认为，我们可以预测，未来市场继续全球化，经济环境很容易受到通货紧缩趋势的冲击。这种通货紧缩是避免不了的。

为了更好解决这一发展模式问题，御手洗富士夫解释说，佳能真的别无选择，只有从高附加值产品和服务中力求利润增长，从而捍卫自己的品牌。这种高附加值产品和服务是中国或亚洲其他地区无法生产、提供的，而且，不是依赖增加生产、提高销售量以求赢利的。

御手洗富士夫曾在多个场合强调，中国即将成为日本企业高附加值的产品下一个巨大的市场。富士夫像佳能第一任总裁御手洗毅那样，相信一个强大的海外战略是不可或缺的。佳能怀着远大的抱负，计划扩大其品牌的海外市场。它认为，金砖四国的经济规模将在

2050年以前超越G7国家。富士夫的目标是打造消费者珍爱推许的产品，重塑世界各地最为推崇的一个公司：

> 未来有两大趋势：一是不改变常规方式，把产品推向全球；二是采用宽带技术。

"采用宽带技术"是指大量采用图片传输功能，该公司重要的数码产品，比如EOS系列单反相机，就会采用。

> 这个世界肯定要由一个图像静止的时代发展为图像运动的时代。随着信息技术的进步，网络技术也在飞速发展。更强大的网络功能、演示性能、新的附加值，以及享受这一切的手段，构成对产品的要求，摆在我们面前。

所有的新技术都会借助新的解决方案，简便地应用在人们的客厅里。

御手洗富士夫执掌下的佳能会更加关注附加值技术的领域，力求在照相机之外的周边领域达到一流水平，包括多功能设备与其他办公成像系统，半导体曝光系统以及液晶曝光系统，电视镜头和其他工业设备，更不用说佳能的新业务领域数字X射线摄影机和DNA测试系统了。

> 这需要加强产品的研发，我们计划将研发预算在未来十年内从2004年的2750亿日元滚动增长至5000亿日元，其中2000亿日元用于基础研究。

坚持不懈地改革和创新

面对日益严重的全球经济危机，佳能将2009年命名为"管理质量提高年"。

"这些艰难的时刻，也是优化公司结构的绝佳机会。"御手洗富士夫和他的管理团队在该公司的网站上写道，"我们在2006年推出'全球性优秀企业战略'，现在进入第三阶段，正开展重大的转型，即从矢志良好的发展转向改进管理的质量。"

佳能阶段性"全球性优秀企业战略"于1996年推出，执行了五年多。1990年代中后期，企业分工体系开始出现疲软和臃肿的现象。加之，该公司负债超过8,400亿日元。

佳能亟须系统性的变革。必须先从资产负债表入手。富士夫就任佳能公司第六任总裁一职，成为推动改革计划的转折点。佳能的改革力图彻查公司的财务状况，巩固佳能在世界上的领先地位。这是一个长期的企业改革计划，将分阶段进行。

第一阶段安排在1996—2000年间执行，以赢利与"全面优化"为中心。这是意识的改革，在这个阶段要通过更好的现金流管理与业务领域的"选择和集中"改善财务状况。第二阶段2001—2005年，在佳能经营的所有重大业务领域内力争全球领先，积极推进生产线的数字化，同时关注不断变化的市场需求，从而加强竞争实力。

第三阶段是2006—2010年。截至2009年本书写作时，佳能专注于下一代技术的稳健开发，创造新的生产方法，同时加强供应链管理以及其他领域的企业管理。这个阶段结束之际，佳能希望能跻身于世界100强企业。

佳能已经确定了下一代业务的重点在于"医学成像"、"智能机器人"与"安全"领域，这些领域都可借助佳能技术重现协同性和共同性。随着与世界各地的大学和优秀科研机构深入开展产、学联合开发产品的推进，佳能有望在高性能传感器等专业领域巩固其顶尖的技术水准。

为确保高质量产品的稳定生产和改进，佳能必须创造新的生产方法，以获得参与全球竞争的优势。这要求建立完全自动的生产线（机械自动化和机器人），从而使设计、生产与制造技术可以构成佳能这条板凳的三条腿。

第三阶段于2010年结束，佳能希望所有核心业务能以绝对优势走在世界的前列。

2006年5月，御手洗富士夫走下日常管理的岗位，提名内田恒二继任为总裁，并担任首席运营官一职。富士夫保留首席执行官一职，就任佳能公司的董事长、日本经济团体联合会会长。内田恒二强调，他的使命就是继续执行佳能"全球性优秀企业战略"：

> 2010年第三阶段结束时，我们计划不要涉及太多的领域，而是在现有业务和新产品领域内拓展视野，要对稍稍不同的市场有所倾斜。
>
> 比如，我们在传感器技术上早就拥有了强大的实力。以此为基础，我们可缩小传感器的尺寸，装在机器人身上，用以开发其高度复杂的动作与性能，这样一来，推动生产过程的自动化，从而缓解沉重的人力劳动。
>
> 我们也不断扩大印刷技术在专业领域的应用。这对我们而言代表着进入新领域的举措。我们尽管在消费类产品的开发和销售方面，比如喷墨打印机，以市场份额为基础取得了巨大成功，但是，仅仅在这个业务上取得成功就很难了。所以，我们想，"为什么不为我们擅长的技术开发新的应用领域呢？"这就为多功能产品和数字印刷机催生了一个新的市场，以满足小型企业和出版商的需要，他们寻求高端打印机以处理少量的印刷品。

佳能还为每一款商品通过个人电脑提供网络服务。目前，可以通过无线局域网、USB以及各种闪存卡介质实现这一目标。佳能借助网络服务，利用其专利技术在所有产品上直接处理各种类型的数据。

例如，全高清晰度的运动图像数据可存储在EOS数码单反相机上，这是佳能的一款旗舰产品。这些运动图像数据可以很方便地用在所有佳能产品和数字化设备上。

2008年年底之前，佳能公司总销售额的30%来自消费类产品市场，但该公司并没有改变其观念，即工业应用领域必须建立在普通消费领域的支持和成功之上。这种附加的网络功能是以佳能的一贯理念为前提的，即应该不断为广大消费者制造更有用的产品。

此外，还有一个不容忽视的事实，销售总额的10%用于研发新产品和新技术。通常情况下，同一领域的竞争对手将收入的6%左右投入到研发之中。佳能永远都不满足于现有产品的成功，秉承"三自"精神，雕琢着自己的命运。"三自"精神是指"自我激励"、"自我管理"和"自我意识"。"自我激励"是指一切事情采取主动、自我鼓励。"自我管理"是指承担个人责任。"自我意识"主张时时关注自己的角色和立场，能够把握不断变化的形势和状况。

内田恒二说，佳能想在所参与的全球市场中获得压倒性的份额，在这个凌云壮志的背后，需要付出认认真真、毫不松懈的努力，申明实实在在的价值以指导雇员的工作：

> 我们每天都在努力工作，力争在我们涉及的所有业务领域取得领先地位，但不是每个领域都取得了。我们相信，如果孜孜不倦地工作，肯定会实现目标。在那些已经取得领先地位的领域，我们必须时时警醒，承受压力，继续努力工作，保持我们的竞争优势。

为赢得全球第一的地位，内田首先关注佳能的支柱产品，EOS 数码相机（数码自动对焦单反相机）。但他强调，有必要积极投资所涉及的业务，鼓励反复尝试、不懈地努力，开发最先进的传感器技术、镜头，甚至是软件，同时，始终确保这些过程都是在严格的质量监控下开展的。

最后，内田指出，所有的工作都朝着一个共同的目标——要做世界上最好的——这是重中之重。

交流产生灵感

"要想让公司走上正确的发展方向，交流就是一切，"御手洗富士夫说：

> 当然，这是鼓励每个部门之间正常地交换意见，这包括明确目标、提出观念，告诉它们应该做到什么。只要所有交流都有序地开展起来，就会看到良好的效果。电信与数据输送技术的发展，真正提高了沟通条件，尤其是与海外的员工：互联网可以实现轻松的互动。您可通过博客与网站向世界发布您的信息。只要目标清楚，就可以轻松实现信息的收集与传送。因此，真的没理由不充分利用这些资源。
>
> 出国旅游，也比过去容易多了。上大学时，我从老家大分到东京就用了 26 个小时。现在只用 13 个小时，就可以从美国纽约到达英国伦敦。旅游的花费也不再那么高了。所以，我认为，趁年轻把自己放到一个不同的环境里，接触一些不同生活标准、不同价值观的人，这非常有意义。
>
> 工具的适用性使沟通更加便利，个人有责任做出努力，成为全球社会的积极分子。不接触这个世界，就得不到任何尊重。如果想让"日本制造"的产品在全球范围取得成功，

您的个人沟通能力就得受到重视了。

因此,佳能向前发展的基础是由领导者确定的,他可以设定清楚的目标,可以赢得每位员工对既定目标的支持。

结语:重申日本风格

2009年3月11日,在一次解释管理目标的会议上,佳能董事长、首席执行官御手洗富士夫重申,他决心要把佳能发展为真正的全球性公司,强调有必要提高产品的竞争实力,在全球市场日益萎缩的情况下提高产品的赢利性。

> 目前,商业环境极其恶劣。但是,我们致力于提高管理质量,改善管理过程,使我们能够再有一个大的飞跃,因为我们的目标是我们公司在下一个一百年、甚至是两百年内持续发展,不断繁荣。

御手洗富士夫1995—2006年间任公司总裁,现任董事长、首席执行官。他骄傲地指出,在"全球性优秀企业战略"指导下公司取得了巨大收益。但是,2008年秋天,经济衰退浪潮冲击了整个世界,即便是佳能也不能幸免。在获得一连串创纪录的利润后,佳能的赢利也大幅下滑。

佳能是日本的重要企业,一直坚持日本传统的企业制度,即终身雇佣制,同时,严格管理现金流量与供应链指标。这就是"和魂洋才"观,即在管理上将西学与日本精神结合起来。佳能的领导层希望,"和魂洋才"能成为公司现行革新的主脉,成为渡过目前的危机和将来更多危机的改革精神的主脉。

我们的理想是，推出一个连续、不间断的产品线，以满足消费者的需要。但如果想制造高附加值、高性价比的产品，就只能降低成本比例，维持业务的赢利能力。这就是我们致力于统一生产信息系统、开展数字化设计的原因。尤其在经济形势严峻的时期，必须利用IT技术改革生产，从而强化成本的竞争力。

佳能公司总裁兼首席运营官内田恒二在2009年6月接受《日本经济新闻》报采访时把这个观点解释得很透彻。内田在佳能照相机部门起家，被普遍认为是继任总裁的最佳人选，他可以带领公司建立一条世界上最强大的数码相机生产线，将数码相机与喷墨打印机联系在一起，引领这个"数字打印时代"。

内田说："很多人都瞄准新兴市场，致力于推出低成本产品。但是，佳能不计划改变生产高端、高附加值产品的战略，因为这些产品已为佳能获得声名。如果低成本产品的市场需求增加了，推而广之，需要更高性能、更高分辨率产品的消费者最终也会增加。数码单反相机在全球市场的销售继续保持强劲势头，因为受经济波动的影响相对来说比较小。那是因为想留下高分辨率作品的消费者需求不会减少。如果继续制造产品满足这些需求，那么，即便在经济困难时期，也一样行销无阻。"

自2008年秋季以来，虽然佳能的数码相机旗舰产品遭到需求萎缩、急剧下降的打击，但内田相信，消费者还会回来，佳能以其精密、高附加值的产品在市场上守候着。

佳能公司对于个性化精工制作的忠诚与信守，究其根源，可以回溯到1933年，与御手洗毅的雄心壮志联系起来。当时的御手洗毅还只是一位妇产科医师、训练有素的工程师，他一心想要超越德国照相机生产商徕卡，协助朋友建立一家生产高档相机的工厂，叫精机光学工业株式会社。就在1934年，日本第一款国产豪华35毫米照相机原型首次亮相："观音"。

这个名字得自于在日本备受尊崇的大慈大悲观音菩萨，"观能"是其日文读法，"佳能"这个品牌作为一款高端产品在二战后立刻得到消费者的认可。第二款重要的里程碑式产品于1976年推出，AE-1，是世界上第一款内置微型计算机的单反相机。这款相机在美国引起很大反响，从而推动佳能成为世界知名品牌。佳能创办人、总裁御手洗毅树立的理想是，不仅要"打造世界上最好的相机"，还要以一个信条创造良好的公司氛围。这个信条以三原则为基础，即强调能力（优势）、健康与家庭，还有一个基础是名为"三自"精神的行为准则，即"自我激励"、"自我管理"和"自我意识"。

御手洗毅视家庭为人类生活的基本精神元素，这是佳能企业文化"爱护员工"的基石。佳能公司现任总裁兼首席执行官御手洗富士夫是第一任总裁的侄子，曾在美国工作23年，1966年前往纽约佳能美国总部工作——在这一时期，他研究了美国的企业文化，回国后，将美国式理性的企业管理经验融入到佳能的日本式企业管理方法之中。此后，佳能将两种企业管理理念独特地融合在一起，这个概念用日语的"共生"一词来表述，同时，这个词也用以描述佳能的另一个理念，即创造一个共存共荣、各国人民共同发展的世界。

佳能具有前瞻性的眼光，它看到，一个企业单靠销售照相机，必然是难以维系。1960年代起，开始多样化经营，生产复印机之类的产品。管理也采取多元化。1973年的石油危机引发了更加激烈的竞争，其间，佳能的一款袖珍计算器只得停产。这成为佳能宝贵的经验教训，后来，佳能制订了"全球性优秀企业战略"改革方案，加强了财务制度、研发活动和人力资源管理。

1977年，新总裁贺来龙三郎一上任，就将公司研发预算从销售总额的4%–5%提高到10%，并增加了研发人员。这一研发预算的水平一直延续至今。

贺来龙三郎将本公司的技术转化为知识产权，申请了专利，这就为现在的公司增长模式创造了先例，即以技术为驱动力。后来，出现了一系列新产品开发，从而在公司里促成了以研发项目组为基础的结构，这些项目组不断扩大，形成一个个部门，生产打印机、传真机和个人电脑。

1985年，美、日、法、英和西德签署《广场协议》，日元突然大幅升值，造成佳能公司不能赢利的部门大增。不断攀升的赤字暴露出很多问题，这包括以部门分工为基础的体制与总部监管不力。

1989年，御手洗富士夫从美国回到日本，旋即任高级执行官一职，着手制订精简机构管理计划。1995年，富士夫受命为公司总裁时，施行了一项长期计划，即加强管理、以赢利能力为中心的现金流方案，这项计划成为公司复兴的主要支柱。富士夫实施大刀阔斧的企业改革举措，关闭业绩不良的部门，其中包括停止生产个人电脑。这为公司后来的高额赢利管理提供了舞台，奠定了基础。

但从2008年秋季开始，随着全球经济陷入严重的经济衰退，佳能公司近十年来的持续增长和创纪录的赢利戛然而止。佳能走出危机的政策只得定位为坚定捍卫其传统的企业文化和价值观：继续采用强势的附加值管理办法，打造优质产品。

2009年，在御手洗毅的家乡九州岛大分市，佳能成立大分制造培训中心。该培训机构旨在让佳能经验丰富的工程师和技术人员向年轻人手把手传授操作各种机械的技术知识，包括车床、铣床、自动化设备以及镜头抛光技术；同时，该机构还可以当作获取"工作卡"的培训中心。"工作卡"是日本政府推动的一个工作资格认证体系。佳能鼓励工程师获取发明专利，因而，该公司是闻名遐迩的"佳能专利旅"，2008年，佳能在美国注册专利达2,114项，世界排名第三位，在日本注册专利项目排名第一。

佳能在中国经营了一个实力雄厚的复印机生产厂家，而高附加值产品仍由日本生产，因为公司实行的是分工生产制度。比如，在高端数码相机领域，生产及主要研发活动仍在本土，图像传感器之类的重要设备还是在日本生产。

佳能的目标是成为一家全球领先的公司，但其核心生产基地仍在日本。佳能继续秉持一个坚定的信念，国内永远实行终身雇佣制的政策，这基于一个观点：技术资产的继承和提高与高质量标准的维持，与员工之间高水平的合作是紧密联系在一起的，更不用说与地方政府和社区的合作了。即使是经济形势最动荡的年代，佳能也没打算放弃其日式管理风格的根。

御手洗富士夫和内田恒二的主要管理理念

- 要关注能提高附加值的领域，力求在该领域做到最好。
- 要毫不松懈、毫不妥协地提高管理质量。
- 要坚持"三自"精神，即自我激励、自我管理和自我意识。

佳能株式会社

创立时间：1937 年 8 月 10 日

御手洗富士夫，董事长、首席执行官

内田恒二，总裁、首席运营官

总部：东京都大田区下丸子三丁目 30 番 2 号
　　　http://www.canon.com/

总资产：174,800 百万日元（财年截至 2008 年 12 月）

销售总额：4,094,161 百万日元

营业利润总额：496,074 百万日元

净利润总额：309,148 百万日元

全球员工：166,980 人

14
回归本源

丰田章男
总裁、首席执行官
丰田汽车株式会社

1956年生于爱知县名古屋市。1979年毕业于庆应义塾大学，1984年入职于丰田汽车株式会社。1998年建立汽车信息门户网站 Gazoo.com。先后任董事总经理、高级董事总经理，2005年任副总裁，2009年任总裁。丰田章男是丰田公司第六任总裁丰田章一郎的儿子。

从纺织业到汽车业

丰田汽车株式会社,是世界上最大的汽车公司,追根溯源,是一家织布机厂,叫作"丰田自动织机制作所"。创办人丰田佐吉是一位多产的发明家,实际上他是一个木工,和他父亲一样。1890年的经历改变了他的人生。那年,他去参加一个东京的招聘会,不经意间看到一台织布机,其复杂精良的结构深深地吸引了他。仔仔细细看过一番,画了一张草图就匆匆赶回爱知县,头脑里充满了各种各样的想法,很想马上制作一台织布机。

外国制作的织布机用的是金属,佐吉用的木头。他是一个木工,木头当然是他用得最熟的材料,选用成本过高的金属根本不切实际。佐吉以机巧的心思和精湛的技艺,完全用木材做出了一台织布机,他自认为做得很好。

他的想法没错。用廉价的木材替代金属,实际上能够减少零件的总数,他认为那是多余的。这种设备的生产成本只是外国制造的织布机的十分之一。

佐吉将它叫作"丰田式木制人力织机",运到当地港口,受到很高的赞誉,很快就卖掉了。总之,这只是一次牛刀小试,算是如有神助吧。佐吉认为,在制作过程中有必要减少浪费,而且后来进一步界定为"丰田生产方法",当作丰田汽车株式会社的血脉世代流传、兴旺。

1929年,佐吉的儿子喜一郎海外考查回国,带回来欧美汽车工业的一手资料。就像当年佐吉被织布机吸引住一样,喜一郎无法抗拒地被汽车吸引住了,发誓要在丰田自动织机制造所开辟一个成功的汽车制造部门,并且不依赖任何人的帮助。这个"帮助"是指他父亲的织布机制造公司。该公司当时已经成为非常成功、赢利很高的企业,但是,在金融危机期间,只能求助于一家重要的贸易公司。对于热衷于独立思考的佐吉来说，那确实是一个重大的抉择，终于，他发现自己对大型企业的理性经营方式无能为力，慢慢在公司里边缘化了。

这深深触动了喜一郎，他发誓，一定要独自解决开创汽车部门所需的资金问题，包括设备、技术，甚至是员工。他知道，这对于自己来说太严苛了，因为他亲眼目睹过欧美的汽车工业都需要准备些什么东西。这是一种资金密集型企业，喜一郎知道，他必须要行事精明，要有聪明才智，要有使命感。

实际上，周围所有人都认为喜一郎的想法太过荒谬。就连日本的大财团像三井、三菱、住友都不免苦恼地说，"谁有可能竞争得过美国通用和福特公司这样的汽车制造商呢？"确实，丰田在织布机方面成就声名，已经成为日本企业巨头了。但汽车是一个截然不同的议题。

喜一郎下定决心，对此充耳不闻。他甚至与福特接洽，想成立合资公司生产卡车。私下里想趁机取得福特汽车生产技术，同时，还要保持一定距离以免公司被收购。

这个想法也遭到强硬的反对，尤其是当时的日本政府，越来越好战，越来越反美。与福特成立合资公司的想法失败之后，喜一郎周围的人认为，他最终会"从愚蠢的梦中醒过来"。没人想得到，喜一郎的决心竟然越来越坚定。

"我一定要生产汽车，"人们听到他信誓旦旦地喊过。如果他不能马上生产汽车，就得多花时间尽一切可能学习西方汽车技术。

然而，喜一郎只能指望一个人支持他，就是他父亲佐吉。佐吉见儿子陷入窘境，找了个机会搂住喜一郎的肩膀，说："儿子，我创造了织布机，它已经变成了民族资产（在当时的专利制度下）。我从中挣了不少钱。但是让我最骄傲的是，我为这个国家做了巨大的贡献。所以，你就去造汽车吧。为了自己，为了你的国家。"

据说多年以后，喜一郎经常提起他父亲说过的话，只要当时需要用那些话赢得丰田的员工和周围有疑虑的人支持、合作，他就说一遍。喜一郎需要依靠他们的热情支持和牺牲，来打造日本第一辆汽车。当时，世界已经陷入经济大萧条之中。丰田1934推出日本第一辆Al型汽车和G1型卡车。据报道，该公司里一片沸腾，"世界上所有的麻烦仿佛都烟消云散了。"

喜一郎的激情让汽车点燃了，这还是天意。但很可能被当成别的东西。因为喜一郎逐渐认识到，如果父亲的公司持续发展，就不能只生产织布机。纺织业的形势起伏不定。丰田有必要制订计划，生产国内市场需要的新东西了。他认为就是汽车。

丰田以自己为最强劲的对手

1937年8月，喜一郎梦想以日本技术生产小型客车，推向全球市场，于是，成立了一家独立的企业，丰田汽车工业株式会社。但由于太平洋战争爆发，他的梦想搁浅了。战争结束后，"老百姓的汽车"的开发重新恢复，但喜一郎没有看到这个事业的成功。因为他在1952年3月就去世了。这个重任就落在新总裁石田退三、技术部门创办人丰田英二和其他为实现梦想与喜一郎紧密合作的人身上。1955年，他们成功了！他们推出丰田皇冠汽车，轰动一时。1957年，丰田品牌轰动了整个世界。皇冠参加了竞争激烈的10,560英里澳大利亚拉力赛，取得第三名的成绩，标志着该公司已在国际赛车运动中具有一定的竞争实力。

1962年，花冠在国内销售突破100万台时，丰田推出车型更小的"光冠"和轻型卡车"丰田之花"以及800CC跑车"公众"。如果说"皇冠"代表一跃，"光冠"和"公众"代表一步，那么，丰田英二所热衷的项目"花冠"代表了一个飞跃，从而达到汽车制造行业的领先地位。这个项目一开始，丰田英二就打算发动一场汽车制造业的革命：

> 从此，我们有必要制造能与西方一较高下的汽车。请记住我的话，我们将来制造的汽车可以点燃我国机动化的烈焰。

丰田英二的话是有先见之明的。花冠在1965年推出，其1100CC发动机比原计划1000CC有所提高，标配版售价432,000日元（以当时的汇率计算，约合1,400美元），豪华版售价495,000日元（1600美元），定价比流行的尼桑阳光高出几百美元。但是，由于发动机额外多出100cc，花冠的销售急剧飙升。

花冠自推出以来已经出产10多个车型，至今还在生产，已经售出三千二百万多辆，真正打造出了"老百姓的汽车"，这正是丰田喜一郎所设想的。花冠同福特T型汽车与大众甲壳虫一道，成为21世纪最具标志性和开创性的工业产品之一。正是花冠将丰田推入不同寻常的发展道路，从而成为全球汽车行业领先的企业。

丰田激情不减、勤勉不倦地利用和推动汽车技术的发展，进而成为日本制造业标准的一个象征。淘汰不良业务的同时持续不断地改进产品和生产过程，这种根深蒂固的想法及其成效闻名于世，全世界都很钦佩、都在模仿这种改善经营的做法。从别人或别处学得经验就是另一回事了。只有为这个经验付出血汗和泪水，才是一种货真价实的创造。这就是成功之道。丰田曾在福特和通用这样的汽车制造公司"跟前苦苦挣扎"，经历了漫长而痛苦的摸索过程，力求找到最佳方式以生产具有永久价值的产品。如果喜一郎谋求与福特公司合资办厂的计划得以实现，那么，就有可能创办不出一家公司，更不用说，这家公司终有一日成为世界上最好的企业了。

丰田刚刚攀上全球汽车制造业的巅峰，就有人提出异议，"丰田最终成为自己最强劲的对手。"丰田公司第八任总裁、现任董事长奥田硕就是这么想的。他想提醒员工，不要目空一切，不要志得意满，一旦产生这种念头，就会觉得世间再无高峰要攀登了。

丰田是全世界的企业典范，一批批经理人来到丰田参观、学习其备受尊崇的生产体制，吸收其企业文化的精华。也有不少书籍论述其精益生产、适时生产、改善经营的做法。奥田硕认识到，每位丰田员工都有必要审视这家企业；从竞争对手的角度来看自己的位置。所有员工都应该置身其外，找到新的视点；寻找盔甲的缝隙或者可资利用的竞争优势。这是一种居安思危的心态，至关重要，能够确保这样一个庞大、无处不在的公司之成功因素继续发挥作用，就好像这些因素没有效用了那样。

奥田硕回忆道："只要有机会，就告诉丰田的员工走到马路对面来看这个公司。我不想让他趾高气扬。一个人必须永远保持谦逊的态度。"

这个行业里，机遇总要受外部条件的支配，比如，原油价格、变幻无常的汇率，或者像 2008 年秋季全球经济的衰退，所以，任何傲慢的举措必然导致公司无以为继。全球经济衰退最初造成的冲击相当大，美国"三大"汽车行业巨头中只有福特得以幸免，通用及克莱斯勒只得靠政府或者外部资金救助。丰田在 2007 财年创下 2.27 万日元营业利润的纪录，而 2008 财年营业亏损达 4610 亿日元，预计到 2009 财年，这个数字将升至 8500 亿日元。

重新发现本源

2009 年 6 月 25 日，星期四，丰田公司的新总裁第一次与新闻媒体见面。他叫丰田章男，是名誉董事长丰田章一郎儿子，丰田家族的子孙。丰田章男是喜一郎的孙子。任命丰田章男为总裁一事，引来世界的关注。创立公司的家族重新掌权，在史无前例的危机中有望重现丰田家族的辉煌：丰田家族第一次执掌陷入亏损的企业。

实际上，章男是丰田公司有史以来最年轻的总裁。他的叔叔丰田达郎 1995 年因病下台，是丰田家族最后一位执掌公司的人。接下来的三任总裁是奥田硕、张富士夫和渡边捷昭，迄今还保有顾问或董事长的职位。这家汽车制造公司成立 59 年来，首次公布年度亏损，丰田章男临危受命，领导丰田公司走向一个不确定的未来，其象征意义对于行业观察家来说很明确的。

章男面临着巨大的压力。在第一次新闻发布会上，他的语气非常沉重，表情也很严肃。在场每个人都明白他所承受的沉重负担：

> 全球的汽车制造业正面临着巨大的挑战。遗憾的是，这个挑战意味着丰田这一财年度的损失比去年还要严重。感觉好像我们是一叶小舟，就要被暴风雨打翻了。但是，我们会继续专注于生产一线（现场），要服务于我们赖以生存和运营的当地。消费者是第一位的。我们还要履行"现地现物"（这个日文词所表达的概念是亲自走出去，考查这个世界）的承诺。
>
> 只要我们丰田集团的每位员工继续保持与消费者和社区的真实交流，坚信我们会渡过这次危机，我相信，丰田肯定比以往任何时候都强大。

然而，所有努力之中还是有一些福音的。新一代普锐斯，丰田独有的油电混合动力车，在 2009 年 5 月发售，第一个月就接到 18 万辆的订单。普锐斯受惠于政府向小排量汽车购买者实施的税收减免政策，再次成为畅销产品。一辆新普锐斯所享受的补贴额近 4000 美元。

丰田章男有一个广为人知的成就，他任执行副总裁时，将普锐斯的价格由最初 250 万日元的定价减到 205 万日元，这一关键举措赢得了日本低收入地区经销商和消费者的高度赞扬。

"也许，这就是巨大变革即将到来的先兆，"丰田的一位中层经理人评述说。

丰田章男就任总裁之前，就已名声在外。人们认为，他是一位有远见卓识的经理人，看待自己的企业眼光独到、客观。

制造高性能汽车的秘诀

对于实行什么类型的管理政策，丰田章男还没提出真正具体的计划，但是他表明了一个愿望，要尽可能地触及生产第一线。

比如说，2009年4月23日，丰田的这位新任总裁以丰田队车手的身份参加了德国纽博格林24小时汽车耐力赛，驾驶V10型赛车雷克萨斯LF-A跑了两圈。他想坐在车轮后面、驾着赛车驶上赛道，亲身体会一次，要向世界证明驾驶"一辆伟大的汽车"的快感。

章男的言行不管是其人格的外在表现，或者干脆只是高调营销的方式，但确实在接下来的几天或几个月内吸引了大量的关注。

丰田再次站到新起点上，考虑如何生产下一辆伟大的汽车，以重构未来的风采。但以前有过类似的情况，最近的一次是1989年推出雷克萨斯品牌，后来是独有的油电混合动力汽车普锐斯。丰田公司以雷克萨斯和普锐斯赢取消费者的支持，也获得了他们的关注，尽管全世界范围汽车销量骤降，这两款汽车却卖得很好。

2008—2009年间，全球经济衰退的形势更加恶化，而普锐斯的需求实际上更加强劲了，购买者往往要等上数月才能交付。生产线日夜赶工，甚至是在原本宁静闲暇的夏季。同时，第一款雷克萨斯HS 250h油电混合动力汽车发售的第一个月内，订单量突破10,000辆，是丰田最初预计发售第一个月销售目标500辆的20倍。雷克萨斯HS 250h的发动机每加仑汽油行驶55英里，售价4万美元的豪华型汽车，其燃油效率基本上相当于紧凑型轿车，真是令人瞠目结舌。

消费者与政府对雷克萨斯和普锐斯的支持，自其发售以来一直有增无减。这两款汽车的经历不同凡响。雷克萨斯的设计源自于丰田研发团队重获技术领地的摸索过程。1980年代政府制定减排政策，丰田感觉逐渐失掉了技术优势。丰田也渴望能想出一种战略，以突破严格的进口管制，打入美国市场。高端市场似乎就是正确的解决方案。

丰田在美国的主要声誉是"制造高质量低价位的汽车"。那似乎是完美的模式，对于丰田及其分销商来说却是利润微薄。因此，销量是成功的关键。但由于日元升值，美国政府对进口加以更严苛的限制，薄利多销这种模式失去了可行性。丰田认为，要趁早采取措施，因此，丰田管理层决定进入高利润的豪华车市场。

雷克萨斯一开始是以德国豪华汽车品牌的性能为目标的，比如梅赛德斯－奔驰和宝马，但结合了与众不同的日本标准的质量和可靠性。价位要尽可能低。简而言之，这款车型必须要有豪华汽车的所有性能和品质，但要在更多消费者能接受的合理范围内。尽管这些目标太大而且自相矛盾，但挑战的严酷性激励着研发团队紧紧围绕着该公司所确定的"明确且又值一搏的"目标工作起来。

但是，丰田也要面对公众日益尖锐的批评。很多人认为丰田过于自以为是，只关心自己毫无节制的发展，很少或根本不关心这个世界的整体状况。丰田第八任总裁奥田硕对此非常苦恼。他对于他人的攻讦非常敏感，尤其是他坚信管理的责任是公司的发展壮大"要与社会协调一致"。

奥田硕认为，有必要实施一个绿色的汽车项目，以推动他的管理改革，促进公司的社会意识。当时，还没有控制一氧化碳的强制性标准，但全球气候变暖和温室气体排放是非常严重的全球问题，因而，奥田硕推测强制性限制措施即将实行。这一行业长期以来一直在思考未来的汽车如何摆脱对于矿物燃料的依赖，采用清洁能源，比如电力或氢燃料电池。但是，人们认为，所需的技术和基础设施至少还需要20年的时间才能解决。

因此，奥田硕决定，将公司的技术影响力用于开发内置电力马达和汽油发动机的"混合动力"汽车，这种汽车比路上行驶的大多数汽车更清洁、燃料燃烧更充分。这种想法根本没有新意。但多数汽车制造商认为混合动力技术只是一种"临时"的技术，不会受到欢迎，也无利可图，而且，一旦燃料电池和其他先进技术结出硕果，混合动力技术也就寿终正寝了。

把这些因素都考虑在内，任何人都可以看出，其风险相当大。任何开拓性的举措都一样。幸运的是，丰田的风险稍稍得到该公司内部项目的缓解，这个已然实施的项目旨在打造一款21世纪超级省油的汽车。最终，该项目萌发出一个油汽混合动力汽车概念。因此，这个项目是越来越具革命性。现在唯一令人担忧的是，能否尽快将这款车推向市场以获得先发优势。因为本田也在开发一款双座混合动力汽车。

终于，普锐斯提前面世，这是一款具有里程碑意义的热销产品，超出了所有人的预期。奥田硕兑现了自己的承诺，提升了丰田公司的形象，与社会保持了高度的协调。

丰田又得动用其丰富的智库和资源了，又得大胆行事，出新招了。也许血气方刚的丰田章男正是实现重大变革的那个人。成本仍然是主要问题。好汽车需要优质的材料。汽车越好，生产成本就越高。但在全球经济衰退的情况下，生产豪华汽车就没有可能性了。依靠国家是说得过去的，没人能断言经济过多少年就可以恢复。即便是收支状况良好，坐等云开日出，完全依赖"丰田银行"简直是太不明智了。

在这方面，也许丰田有必要转产"低成本的小型汽车"以提高收益——有件事丰田没怎么关注。普锐斯算得上是热卖的产品，但仅凭它，不可能维持该公司的生存。

"此时，我们该回归本源了，"丰田章男就任总裁时在新闻发布会上说。

如果说丰田章男形成管理理念有一个标志，那么就是这句话了，他反复申明过数次了。他所说的本源是指什么呢？多年来，丰田公司一直纠缠于数字：丰田生产的车辆数，全球的汽车销量。这种执着推动了这家汽车制造企业在几个汽车类别中取得领先地位。然而，丰田章男所谓的"回归本源"是指"物造"精神。"物造"精神往往抵制常规的西式渲染，简单地来说，它意味着对于制造产品的那种类似于手工艺人般的态度，产品质量与注重细节就是最高价值标准。产量并不是"物造"精神的固有目标。

丰田章男还说："数字不是第一位的。消费者个体与社区才是第一位的。因此，我也想强调恢复本企业创业精神的必要性。"

丰田喜一郎曾力争调动员工对他的支持，丰田章男同样想得到员工的支持，他常常援引丰田佐吉的话，"去为祖国生产汽车吧"。这句话是佐吉拍着儿子的肩膀给他的教诲。

丰田公司历经多种考验而不衰，石油危机、日元升值、污染丑闻、贸易摩擦，那只是过去的几次挑战而已。每次考验中，员工凝聚在始终如一的使命和坚忍不拔的精神之下，即要让丰田成为世界第一大汽车制造公司。对于丰田章男而言，更容易重新唤起公司创始人的精神，更容易让人们想起带给他们今天的种种成功之举。

丰田章男矢志于生产的"高性能汽车"，如果按照他在就职宣言中的说辞，要想在2011年3月之前让公司恢复赢利，就得在一两年之内生产出来。最有可能的是，这款汽车有非常高的环保价值；也许这款汽车每消耗一加仑的汽油可以行驶95英里。

尽管丰田公司成立59年来第一次出现赤字，债务高达500亿日元，但仍然是日本工业的代表。其经营模式一直是日本大大小小的企业研究学习的对象。有位企业家和丰田家族一道为强大的日本现代企业管理树立了新的标准。这个人是松下公司的缔造者松下幸之助（见第10章）。

丰田与松下有很长一段共同成长的历史。具体地说，松下电器产业株式会社（松下电器）新提拔起来的执行官往往要送到丰田参观，听时任总裁石田退三的讲座。石田被松下电器的员工奉为"商业大师"，就连他们自己的"大师"对他也需仰视才行。

丰田公司任命丰田章男为总裁，希望能借助于丰田家族延续下来的团结一心的精神，渡过公司有史以来最动荡的时期。然而，松下公司孤注一掷，决定斩断与其缔造者的传统纽带，就连公司的名字也改成英文。这并不是说，这两家公司要放弃其创始人定下的企业原则。相反，面对这场前所未有的经济危机，他们空前需要升华缔造者的基本理念，剔除其僵化的成分。这些原则以新目标为中心，可以为他们营造一个更加清晰的未来。

结语：回到"本源"状态的管理方法

"回归本源"（日语"回到原点"）听起来不错，但是，不能草草处理企业身上多年来形成的疤痕。

2009年6月23日，丰田公司任命丰田章男为总裁，这个战斗的号角声，具有象征性的意义，丰田章男是丰田汽车工业株式会社创始人丰田喜一郎的嫡系后裔，是前总裁丰田章一郎的儿子。他可是临危受命呢。2001财年，丰田的销售增长率远远超出全球GDP。但2009财年（截至3月）结束时，这家汽车制造企业成立59年来第一次出现了赤字。到2010年损失肯定还会加剧。

最后，丰田公司在8月28日宣布，从美国新联合汽车制造公司中撤资。该公司是1984年丰田与美国通用公司合资在加利福尼亚成立的，可以说是汽车制造领域日美合作关系的典范，但是现在公司破产了。美国通用有《破产法》第11章和国家所有权的保护，而丰田是汽车制造业形单影只的领先企业，要克服全球经济衰退带来的不良影响，必须面对重重挑战。

这是公司历史上的又一个分水岭，"丰田家族是整个集团所依赖的凝聚点，一直是公司向心力之所在。"

前总裁奥田硕如是说。奥田硕是在1995年继另一位丰田家族成员丰田达郎之后就任总裁的。后来的两位非丰田家族成员的总裁张富士夫与渡边捷昭也向丰田家族表示了同样的尊重。他们乐见丰田家族最年轻一代的子孙丰田章男在公司从高级执行官一步步提升为执行副总裁，始终把他当作总裁的第一人选。渡边捷昭任总裁期间，公司的大幅度扩张在 2008 年戛然而止，时机似乎到了，应该让丰田家族的后人来执行新的企业战略了。

2009 财年，丰田公司的资产损失达 4600 亿日元，预计 2010 财年会损失 8500 亿日元，年轻的丰田章男甫一上任就开始了大刀阔斧的改革。53 岁的丰田章男除了家族姓氏之外还有一个优势，就是精力充沛；以其能力可以调动至少四种强大的资产，借以驾船驶过这片变幻莫测的水域。

第一种是适时生产系统，经过多年改进仍能发挥积极影响；第二是有油电混合动力车品牌普锐斯和雷克萨斯，已为丰田继续引领关键的未来技术打下坚实的基础；第三是与领先的电子产品制造商在增长领域建有合资企业与合作关系，比如与松下在电池领域的合作；第四，也许是应对这个特殊的危机最有效的办法，即强大的现金流管理，这很可能是由严格的财务纪律促成的，到目前为止还没有被全球的经济低迷所动摇。

丰田这个公司的管理实力也是来自于团队建设。即便管理人员年轻、非常缺乏经验，只要方向一确定，公司也能开足马力来一个 90 度的大转弯，驶向新的目标。丰田是一个传奇，在工作场所一直强调日式传统的团队合作精神，并且置之于工作的核心以提高生产的质量和过程。丰田雷克萨斯品牌的汽车是其旗舰产品，一直荣登 J. D. 动力协会质量排行榜榜首的位置。这就是因为丰田公司在工作场所强调动态合作关系，独特深奥的制造技术诀窍得到共享与实施。这些优势遍布于世界各地的丰田厂家之中：

> 这无关乎销售量和利润，而是关于什么样的汽车、什么样的价位能极大地满足目标用户的需要。我们计划重新考虑

多年来一直实施的"每个领域每个方向的"战略,开始考虑依照世界各个地区的实际情况采用更加现实、"本色"管理方式。

丰田章男在就职演说中创造了"本色管理"一词,用以指明丰田公司的新方向。人们认为,这个名词宣示了该公司此前对战胜美国通用、赢得全球领先地位的痴迷,这个做法实际上导致了巨大的产能过剩。而美国政府控制下的通用汽车公司,现在计划将旗下八个品牌缩减为四个,包括雪佛兰、凯迪拉克和别克。复兴计划还将销售目标从2008年的835万辆削减为2009年的不到400万辆。丰田2008年全球销售量创下897万辆的纪录,超越通用汽车公司成为世界头号的汽车制造商。但是,全球经济衰退对汽车销售产生了毁灭性的影响,丰田必须共同努力、调整战略,将2009年的销售目标降至734万辆:下降幅度为18%。将公司控制权交还给丰田家族,可以看作是就此终结自2000年以来实施的头脑过热的快速扩张战略,从而回归到丰田公司"审慎的风格"上。

丰田章男的主要管理理念
- 销售数量不是第一位的。消费者和社区才是第一位的。
- 迟疑不决时,必须要审视我们的基础,重新回归"物造"精神。
- 依照现实条件,实施"本色"管理方式。

丰田汽车株式会社

成立时间：1937 年 8 月 28 日

丰田章男，总裁、首席执行官

总部：爱知县丰田市丰田町 1 号

　　　http://www.toyota.co.jp/

资本总额：397,100 百万日元（财年截至 2009 年 3 月）

销售总额：20,529,570 百万日元

营业利润总额：461,011 百万日元

净利润总额：436,937 百万日元

员工人数：320,808 人

15

稳步迈向目标　不要急于求成

榊原定征

总裁、首席执行官、首席运营官、代表董事

东丽工业株式会社

1943年3月生于爱知县。1967年毕业于名古屋大学工学院，获硕士学位，同年入职东丽（原名"东洋人造丝株式会社"）中央研究实验室。历任企划与出口管理部部长（1989年）、第一企业规划办公室主任（1994年）、第一第二企业规划办公室董事总经理（1996年）、高级董事总经理（1998年）、副总裁，并依次兼任人事劳资关系部、企业战备规划、技术中心等部门的负责人，2002年6月任东丽总裁、首席运营官、代表董事。2004年6月任首席执行官。

以优秀企业为师，最终与之相比肩

如从拙著涉及企业的历史来看，东丽工业株式会社似乎有些稚嫩了。然而，东丽没用一百年就成长为世界上领先的纺织企业，尽管还是被西方的同行抢尽了风头。西方趁工业革命之势挺进20世纪，生产出品种繁多、具有突破意义的"新纺织品"，而日本的纺织业依然受缚于18世纪的技术，落后于西方二三十年。

西方在19世纪后半叶就出现了合成纤维，而日本直到1918年才开始生产所谓的"人工丝织物"。1881年法国就发明人造丝，其商业用途迅即蔓延了整个欧洲。1915年，米泽高等工业学校（现为山形大学工程学系）的一位教授秦逸三在日本首次开发出一种人工丝——粘胶纤维。

此前，"丝"只能是靠养蚕获得。而人工丝是用木浆制成。木浆当然也是一种天然的成分，只不过需要一个人造化学过程，把它变成纱，因此就得添上限定词，"化学的"或"人工的"。

"从树中纺出丝线来"这种观点对当时的人来说难以想象。具有讽刺意味的是，纺织专家的技术水平越高，越对此不屑一顾。

你可以想象，这种人造丝拿出来，大家该是怎样的惊讶和兴奋了。日本纺织业迅速行动起来，将这种产品商业化，利用国外更先进的技术和相关知识来完善这种产品。

人工丝，后来命名为人造丝，引发了整个行业的革命，催生出灿若星河的新企业。其中就有成立于1926年的东洋人造丝株式会社，由三井物产出资。滋贺县开始生产人造丝后，这个新生企业获得的订单旋即蹿升。为满足急剧扩大的市场需求，东丽在爱媛和爱知两县建立了两家大规模的工厂。

这种新材料的异军突起，引来养蚕人的异议，他们担心，一个久负盛名的日本传统工艺即便不会扭曲，也会荒废了，这样整个纺织业也就灭绝了。然而，日本最西部的中国地方却经历了一场工业复兴，就业机会大增，同时，一般民众都张开双臂，非常欢迎这种人造丝。

人造丝的消费量一度有增无减，因而，《每日新闻报》大阪专版在1927年3月30日刊登文章，大肆渲染，"最近人造丝的兴起为纺织行业带来一场革命"。

接下来的25年里，东洋人造丝株式会社快速发展，本该有些自满情绪，然而，这家企业表现出一种强烈的渴望，要把自己的成功与新发现的科技成果结合起来。1951年，东丽从杜邦购得技术专利，并与这家化工企业达成协议，获得许可，生产尼龙。杜邦已经生产出一种名为尼龙6-6的高级尼龙纤维，东丽工程师们迅速将自己的纺织技术用到这种尼龙纤维上。尼龙首次出现在市场上，采用了最常见的商品形式，即女性连裤袜，其销售口号是，"比铁制的还要耐穿！"

尼龙业务扩大之后，东丽与竞争对手帝人株式会社自英国帝国化学工业公司（ICI）手中获得生产聚酯纤维的技术，开始联合营销名为"蒂托纶聚酯纤维®"的一种合成材料。其上乘的质量如厚薄适宜、纤维主干柔韧、"护理管理"，赢得了好评和从衣物到内饰材料的广泛应用，比如汽车座椅、安全带、轮胎连线与无纺布等等；所有这一切都有助于改善两家公司的赢利状况。

东丽早期阶段生产人造丝化工原料的技术，得自于英国公司考陶尔兹的技术转让。但生产尼龙产品时，日本企业的显著特征——好学上进恰恰激励了企业内部的技术提高，首先是1964年开发仿丝聚酯纤维"仿真丝纤维®"，同年又开发"东丽纶聚丙烯腈纤维®"。两种材料都受到消费者和商户的欢迎，就像"蒂托纶聚酯纤维®"那样，解决了洗衣服缩水的老问题。

东丽最初就是依靠技术转让这种方式遍寻世间最好的技术，用以持续开发实用、高档的布料。仅仅模仿和复制技术并不是取得成功的捷径，但在如实评价材料优缺点的基础上收购并采用技术，将研究实力积极投入到持续改进技术的活动中，倒有可取之处。这种行事方式可归因于日本人性情严谨，也就是说普遍关注细节，永不满足于现状。

东丽自从开展多元化经营，由化学纤维制造商转变为合成纤维生产商以来，打下坚实的技术基础，点燃了创新的激情，其对成功的追求涉及到形形色色的产品及应用，从汽车内饰用的阿尔坎塔拉®合成绒布，到用于飞机和建筑的东丽碳纤维®高级复合材料，以及用于水处理的反渗透膜®。东丽有这样丰富的一个投资组合，最终，越来越把注意力转向潜力巨大的海外市场。

有优质材料，才有优质产品

跨国并购和联合常常会创造良好的商业新闻头条，然而，两个国内企业建立合作伙伴关系，已悄然成为主要成功故事的核心，拙著已有过相关内容了。东丽和迅销之间有一个产品合作开发项目。很多行业观察家认为，迅销现在可与丰田相提并论，同为"日本企业的代表"。毫不夸张地说，东丽与迅销之间自然共生的关系支撑着迅销旗下的服装连锁公司优衣库生产出许多拳头产品。

东丽宣布，到2010年的五年内，向优衣库门店提供价值2000亿日元的布料和成品，这一做法始于1999年。十年来，东丽为优衣库提供抓绒夹克，2000年年初，优衣库借助这一拳头产品在全国的消费者心目中声名大振。两个公司都宣称，希望在2010年之后延续这一合作关系。的确，他们从中获得的收益良多，而行业观察家认为，二者合作包括人员交流、共同研发和信息共享在内，公正平等、互惠互利。这种活跃的日常交流为二者开发新材料、新产品取得成功提供了条件，从材料开发到产品商业化与销售的各个环节，连同高效的货源补足或库存过剩抑制，一律实施统一管理，打造出良好的协同关系。

迅销（优衣库）自2009年起将新加坡定为重要的海外经营基

地，而且，正在展开一个雄心勃勃的门店增设计划。这一战略的成功主要是依靠东丽稳定地开发和供应布料。

另外，东丽总是优先考虑与迅销的合作关系。有一点可以清楚地说明这层关系，东丽辟出一条生产线专为生产优衣库定制的布料，具体地来说，就是"热技术系列"，这条生产线提供给优衣库自抓绒产品以来最重要的拳头产品。特别是男装热技术产品中，有一种叫作"阳离子染色纱制成的异形截面涤纶"，可用来吸收和分散汗水，而女装热技术产品中，一种人造丝和牛奶蛋白纤维与细丙烯酸纤维混纺，有显著的保暖和保湿功用。

迅销总裁柳井正对东丽的技术水平赞不绝口：

> 我们与东丽的合作在全公司范围内一直是优先考虑的，从产品开发到销售，整个过程要实现无缝、统一的协作。我们共同创造的新材料就是我们在全球范围内展开竞争所必需的弹药库。

从这个意义上说，本书第7章讲述的优衣库经营过程，是东丽在幕后默默地维持了迅销在全球高效强劲的竞争实力。但对东丽而言，并不都是好消息。在全球经济低迷的时期，纤维与纺织品在东丽的赢利中所占的比例持续高达40%，是该公司高度依赖的基础业务。然而，日本进口的服装超过80%。

"国内服装制造商只占有不到20%的国内市场份额。"榊原定征慨叹道，"事实上，服装行业严重依赖于来自中国和亚洲其他地区的低成本产品，这种情况就是日本生产成本高或者分销系统造成的。"

榊原看出，对进口成衣的这种市场依赖程度在近期内会持续增长，而另一方面，他对本公司的优质产品流露出绝对的自信。消费者总是喜欢更便宜的产品。但他相信一旦质量低到让人无法承受的地步，就会有一个反冲效应，消费者的复杂性长期内可能是有增无减。

消费者确实需要高性价比，但也想要高质量的商品，这样，就可以小心爱护、长时间使用了。这样就存在着一个日益增长的需求，东丽可以予以满足和培养。

东丽与美国波音公司签署了为期16年的独家合同，生产碳纤维、复合材料，专用于即将投产的波音787梦幻喷气式客机，这是史无前例的，因而东丽也上了商业新闻的头条。该合同预计将有价值约一万亿日元的材料需由东丽提供。

这个少有的特殊合同背后，受的是这一行业相当狭窄的"利基"业务的影响。世界范围内，碳纤维仍然只有几十亿美元的市场需求，只是利润不够丰厚，不足以让许多公司介入。以往形形色色的公司都想围绕碳纤维开辟业务，只不过难以形成市场，参与竞争的只剩下几家企业。目前，碳纤维全球市场份额的近四分之三，分给了日本的三个材料制造商，东丽占35%，东邦泰力斯（帝人株式会社子公司）占20%，三菱人造丝约占15%。

但是，跟与波音公司的情况一样，其他航空公司或汽车制造商开始采用碳纤维并日益增加市场需求，一个重振的碳纤维市场就指日可待了。这对东丽来说代表的是当之无愧的回报，东丽从未放弃过努力，五十年来开发材料从未间断。

"确实，近五十年来，我们致力于开拓业务，公司发展到目前的水平，但多年来一直陷于亏损之中。"榊原定征说，"在我前面，已经有过五任总裁。他们都把这一市场领域的亏损当成是发展中必然的问题。我有幸成为第六任总裁，上任时，我们的企业终于有数亿美元的赢利能力了。"

这个成就不可能依靠短期赢利的方法，依靠的是远大的管理愿景和耐心。碳纤维这种材料已经存在相当长的一段时间了，但投产的条件最终成熟了。

这种碳纤维材料的市场需求本来主要源自高尔夫球杆和网球拍的生产，由于碳纤维还可用作航空和汽车制造业的主要材料，其潜力得到开发，市场需求可能会呈几何级数增长。伟大的成就总是综合了成百上千的小成功小失败，同时，也表明了以公司业绩为支撑、竭诚努力的价值。东丽碳纤维赢得了一定程度的信任，这就保障了它在航空与汽车前沿技术领域的大规模使用。

但是，碳纤维更高阶的应用，带来的往往相应的责任和风险。一个网球折成两截，对用户造成的损失和危害最小。如果飞机在飞行中或汽车以每小时 65 英里速度在高速路上行驶，只要达不到故障保护要求的材料，就无法接受了。

高风险领域的产品研发需要大量的资本投入。你可以想象一下产品的运行成本和时间，随着产品的商业化、提供适当的支持服务、产品赢利的逐一展开，就会不断增加。产品商业化时，所有附加成本都会反映到价格上。如果价格过高，不论产品质量有多好，消费兴趣也会急剧减退。像航空这样的行业，如果消费者注重短期的收益成效，价格过高的产品就遥不可及了。

"迄今为止，碳纤维要想成为一个活跃的业务一直是一个相当大的挑战，但是，我们坚信，不久的将来，碳纤维会成为紧缺物资。"榊原定征说，"所以，我必须得像前任总裁那样，要有一个长远的目标，继续致力于生产最高档的、最佳性能的产品。我感觉，我们的使命就是成为领先的材料生产商。"

2008 财年，东丽净利润萎缩，当然是受到波音 787 所需的碳纤维生产推迟的影响，也受到世界范围内汽车持续减产的冲击。待这些问题解决之后，东丽由于不懈的努力，就很有可能开始斩获成倍的利润了。

自 1926 年公司成立以来，东丽已经多次克服危机。这个公司一直引以为荣的是员工的韧性：即勤勉不倦、忠诚可靠、无私奉献、目光远大，且坚持不懈。日本员工正是因为这些优点而闻名于世。榊原定征认为，这正是与集体密不可分的一种表现：

> 基本上，我们认为自己是社会整体的一部分。我们的座右铭就是，用智慧、技术和产品创造新价值，服务于社会。我们与社会利益攸关。因此，我们永远不会放弃这一立场。

"服务于社会"作为一个公司的理念，难以界定、无从衡量。其基本含义就是为社会的发展和改善而努力，不因时代潮流的变化而淡漠。这就意味着一个鲜明的自我意识和目标感，不会被转瞬即逝的潮流冲散，也不会受诱惑而追求立竿见影的效益。

一个公司要像个体的社会成员一样，必须有信心，坚守其基本的价值观和原则，同时也要有足够的自尊与自信，自觉自愿地寻求变革。这个说法不仅适用于人对个人生活或社会生活的改变，同样也适用于商业环境的变化。

2006年，东丽创办80周年之际，采取措施，巩固管理基础，树立长期的企业愿景：实现常态化的变革与可持续性的增长，进而取得高级材料领域的领先地位，同时，开发技术，运营上追求全方位的创新，以期对社会与环境的发展有所贡献，为利益相关者创造新的价值。

简而言之，这就再次澄清了东丽富于远见卓识的管理角度。此管理角度是东丽与时俱进的保障，而且，无论面对什么新出现的重大挑战，都会引导公司的商业活动继续向前。

果然，东丽史上很可能是最严峻的外部挑战，两年后发生了。

"2009年4月，我们按照长期规划，启动一项新的中期计划，称之为'东创二期工程'，即东丽创新第二期，以应对全球经济衰退的严峻挑战。"榊原定征说，"最初，我们加强内部重组，总体上提高成本竞争力，其目的就是，针对限制未来经济增长的种种因素，提出新的解决办法。在环境保护之类的领域内，限制经济发展的问题就是，自然资源枯竭与能源安全。新的办法也需要应对日本社会老龄化、人口日益萎缩等问题。这都是未来可持续发展的新重点。"

榊原还说:"提高安全性,促进环境保护,维持企业的道德感和责任感,是需要优先解决的管理问题。比如,在环境保护方面,我们的重点是,开展'生态之梦'项目,致力于碳纤维的回收再利用,积极投身于实现全面可持续性生态社会的事业中。"

建立互信,是海外发展的关键

榊原定征深信,他的公司有能力经受目前全球经济危机,也许危机过后,公司会更加强大。他为什么会有这么大的信心呢?他执掌的这家多种经营的跨国公司,业务遍及21个国家和地区,是日本最大的纺织制造商,也是全球领先的碳纤维生产商。最重要的是,榊原定征的乐观态度表现出他对消费者高度的期望值,以及强烈的责任感:

> 目前,全球正在经历一场史无前例的经济衰退,但是,我们的基本业务纺织与碳纤维不会因此而改变其重要性和价值。也许,我们需要努力工作,以实现全球生产的进一步合理化,但我们并未安排缩减或放弃任何产品。

事实上,东丽的基本业务已不限于生产纺织品和碳纤维,也包括塑料与化学产品。现在,东丽通过全球扩张,致力于建立一个稳定的赢利基础,推进下游加工企业的发展,成为所谓"新价值创造者"。

东丽的企业理念"创造新价值,服务于社会",是以加强核心技术的公司战略为基础,以研发最能体现生活不断变化的"高端材料"为基础的。东丽目前正在研发的尖端材料非常之多,其中两项近期就会有显著的成效,即所谓"信息与电信材料"和"先进复合材料"。

东丽向波音787喷气式飞机提供的碳纤维复合材料,比钢要坚韧10倍,重量却轻75%。这也有助于节能高效。为人所称许的是其高耐热性能,而且不像钢那样生锈。碳纤维更易于生产,如果广泛应用在喷气式飞机上，可以大幅度缩短飞机生产周期。

如用于生产汽车，情况也差不多。这样一来，组装流程更简便、生产周期缩短、节能高效得到加强，其效益可能会产生飞跃。因此，也难怪人们在日益关心环境恶化、全球变暖的同时，对这一未来的"理想"材料倾入太多的关注和期望。

生命科学和环境，是东丽一直想拓展的两个业务领域，特别是水处理。东丽希望，2010年后这两个领域的收入要超出东丽的基本业务，并且，公司明确制定了并购与成立合资企业的策略。

多数方案都属于中长期性质，东丽并没有幻想在短期内必须取得收益。但是，正是因为实行了这个高瞻远瞩的中长期策略，公司在其80年的历史过程，无论艰难时期，还是和平岁月，都是一样度过。西方有句老生常谈的谚语，"欲速则不达"，而日本也有句常说的话是，"匆忙上路，绕远受苦"。这似乎概括了东丽的管理观念。事实上，日本企业中有很多案例，有的案例本书也提到过，就是仓促扩大业务最终导致失败。比如说，依照常理来讲，日本企业认为韩国是拓展海外业务的首选之地，因为市场有很多相似性，地理位置最接近。但是，两国存在巨大的文化差异，更何况还存在错综复杂的历史问题，反映到商业理念上那就是天壤之别，而这一切又常常被忽略掉了。

2009年，在一次欢迎韩国总统李明博到访的研讨会上，榊原定征借此机会，发表主题演讲，阐述了两国在管理风格上的基本差异。

在韩国，尽快做好一切事情，就其商业氛围而言似乎是很正常的。许多商业计划都围绕短期赢利目标而制订，同时也消耗了所获取的短期利润，这就是韩国商业决策的过程。从日本管理的视角来看，这种决策显得特别仓促，太过草率。

榊原定征还谈到韩国经理人的一个普遍观点，市场投资必须要大张旗鼓，而日本经理人则不然，他们可能要在韩国建立一个基地，但不会过度投资，因为这只是包括国内市场在内的全球扩张战略的一个组成部分。简单来说,他们更关注区域平衡,同时着眼于国内需求。

这种理念,反而使韩国经理人觉得这种决策流程太过缓慢。即便是其他亚洲邻国之间,商业理念也可以说是天差地别。

"1970年代末,日本合成纤维制造商涌入韩国,要开辟更大的市场。"榊原说,"除东丽以外,几乎所有公司都退出来,可见日本公司进军像韩国这样的国家有多么难。"

"高层管理人员之间建立互信关系也颇具挑战性。大部分日本公司与合作伙伴因微利发生冲突,妨碍了真正的合作,最终分道扬镳。韩国的工会组织远比日本更加强势,许多日本企业忍受不了频繁的罢工。"

日本企业接二连三地逃离了这个国家,但东丽坚持下来。

"最终,我们也没有不得以变更业务的中长期运作方式。"榊原吐露了真情,"从一开始,我们就没打算追求短期利润,当然,我们必须确保韩国的合作伙伴充分理解这一点。经过多次对话之后,久而久之,我们之间的合作关系自然就融洽了。现在,我们已经建立了互信合作的坚实基础。"

研发新材料,生产新产品

东丽正在探寻其他途径,以期达到新的高度,从而渡过经济衰退。其中之一,就是谋求与运动服装制造商高得运公司的合作。

高得运公司因建立了一个环保回收系统而知名。消费者自该公司购得衣物,一旦打算丢弃,就可将衣物送回。回收布料、重返生产线的做法执行过一段时间之后,该公司计划从2009年秋天起扩大并加速实施这一商业活动。

这是因为高得运计划使用东丽的"环保之梦"回收系统,结合涤纶和尼龙产品的再生利用系统,从而扩大可回收材料的范围。利用可回收零部件,设计并制造产品,已在汽车和消费电器行业成为既定的规则；这种做法也将逐步改变服装行业的企业形象。

能源的重复循环使用，有助于抑制二氧化碳的排放和保护，因而成为东丽与高得运合作的主题，并通过企业的倡议和消费者的合作得以实现。高得运自身也希望通过销售其运动服装以及绿色的生产流程，能够打造一个健康、具有环保意识的社会形象。

榊原定征谈及东丽拥有世界一流的化学回收技术时，说："高得运使用我们的'生态之梦'回收系统，相对于生产油基尼龙，可以减少约70%的能源消耗。同样，我们也已经证明该系统可以减少70%的二氧化碳排放量，因为这套系统可把产品降解到粒子的水平。另外，你得到的与从石油中获取的纯度同样高，我们只要不断提高回收技术，还可以改进纯度。"

2008年6月，东丽在中国南通市建造完成了最先进的人工气候室，叫做"次世代全天候气象室"。此实验室的主要功能就是模拟世界各地的气候现象，从暴雪高发地区到干旱的沙漠、潮湿的热带雨林。

东丽凭借这套研发设施，就可以测量和评估衣物纤维在不同的气候环境下产生的变化，可以自由设置各种模拟的实验条件，比如，突然从夏日室外的高温到空调房间的低温环境下，或者走下温暖的汽车来到大雪纷飞、严冬下的露天地里。

这套设施还有助于研发其他材料，包括环境感应性树脂和汽车专用的纺织物。

榊原定征说：

> 无论你喜欢研究还是销售，我们都努力营造气氛，鼓励大家保持敏锐的触角以获取各类信息，唯此才能得到有用的新想法。说到职员，我们想要的当然不是唯命是从的人，而是那些乐于分享个人想法和观点的人；那些喜欢面对挑战制定目标的人，那些观点新颖、视角独特的人。因此，我们想

继续创造这样的工作环境，重视这些品质；我相信那也是我担任总裁一职最重要的工作。

榊原定征具有高瞻远瞩的目光和灵活的头脑，这正是东丽保持充沛的活力所需要的，不论总部，还是实验室和厂区，都成了生机勃勃的工作场所。

东丽也将医疗行业定为关键的"战略上不断开发的业务"之一，其宗旨就是提供"先进优质的医疗服务"，涉足人造器官，并拓展到医疗设备行业，甚至是制药业。

具体来说，就是销售和持续研发医疗用品，比如外科手套、导管等，研发医疗设备，比如人造肾脏透析设备"Filterizer®"；紧急和重症监护治疗血液净化器"Toraymixin®"；治疗慢性丙型肝炎的自然干扰素制剂"Feron®"；还有用于静脉曲张和淋巴水肿的预防与术后康复的医用软管。

其中，最受关注的是2005年推出的辅助治疗长筒袜，用于改善腿部血液循环，特别是预防"经济舱综合征"和静脉血栓的形成。这个产品号称是"得力医辅用品"，穿戴方便，能有效减少足部肿胀，所使用的材料就是东丽备受欢迎的吸汗尼龙长丝TOREX®和QUUP®。

东丽在生命科学方面取得了若干突破。比如，东丽在1985年投产生物科技产品Feron®（用于乙型和丙型慢性肝炎的自然干扰素），其核心技术仍在继续开发研究之中，有望生产出世界上第一支丙型肝炎疫苗。

东丽的生命科学产业正在研制具有里程碑意义的药品和医疗设备，就其水平而言，已达到成熟制药企业的层次，与此同时，东丽积极倡导生物技术与纳米技术的结合。2006年，东丽进入生产DNA芯片的领域，该芯片用于基因检测与分析，该领域预言了药品定制的未来。东丽用了不到五年的时间，其芯片检测基因信息的敏感度已提升

100倍。这家创新型企业扩大了生产范围和影响，积极投入到抗癌、免疫系统与代谢综合征的前沿研究之中，因而，东丽在生物技术领域的前途一片光明。

东丽也涉及医疗设备的修复与翻新领域。这家企业利用子公司的材料和设备，更好地满足了目前的实际需求，比如，医疗设备日益精良，但能量消耗不断攀升，这就需要加以控制。

东丽提出的楼房修葺方案，使建筑物更加有效地发挥功用，还有益环保，降低成本，因而，东丽获得了有力的支持。

比如，东丽坚信，自己有能力提高建筑物的安全性。东丽在加固板或者防震地板材料中使用其引以为荣的碳纤维，增强结构成分，用以应对增长的负荷和地震。东丽的材料目前已经应用于医院，在降低噪音、减少震动、防止电磁波泄露方面起到重大的作用。

影响生活质量的各个领域日益需要更加精良的技术和更加严格的质量管控。东丽没有仅仅利用其核心优势生产更加多样化的成品，以打入新的市场领域，反而认为，创造新价值，服务于社会，力求可持续性增长，才是公司追求的自然结果。

不急于求成，凭借中长期计划以求发展，营造活跃的研究氛围，在很大程度上帮助东丽赢得了在当今世界中的地位。如果说，江山社稷无法成就于一夜之间，那么，世界各地的消费者在日常生活中依赖于某一公司，这一大业也是如此。全球经济衰退的大漩涡中，所有船舶、所有港口无一幸免，即便如此，东丽总裁榊原定征，还是像前任那样，岿然屹立在经济地平线上。

结语：新时代，新材料

东丽工业株式会社在日本建立了合成纤维与纺织行业，发展成为高收益蓝筹公司，目前已跻身于该行业的领先地位。推动东丽发展的是其强大的技术力量，怀着"矢志成为全球高级材料的领先者"的使命感，坚持不懈地开发新材料。东丽没有将其生产范围限定在合成纤维行业内，而是部署其技术力量开发可应用于多种行业的材料，从可塑性树脂、电信材料到碳纤维合成材料和水处理用料。前文提到过，东丽对碳纤维材料持之以恒的开发最终得到回报。该公司已成为碳纤维的世界第一大生产商，它所生产的碳纤维是用于飞机和汽车的新型结构材料。东丽也抓住机遇，迅速展开海外扩张，现已在 21 个国家和地区开设了 225 家集团公司。

东丽始建于 1926 年，是三井物产株式会社的子公司，以生产人造丝为主。1942 年，东丽成功开发了纺丝纤维尼龙 6。1951 年，东丽与美国杜邦公司合作，逐渐成为一家成熟的合成纤维与纺织企业，也见证了其尼龙业务蓬勃发展的过程。随后，1957 年，东丽获得了英国帝国化学工业公司的技术支持，与竞争对手帝人株式会社联合开发了具有开创性意义的聚酯纤维，叫作"蒂托纶聚酯纤维®"。这样，东丽才得以自主开发，首次推出丙烯酸类纤维"东丽纶®"。依靠生产这三大合成纺织品，该公司成长为一家综合的合成材料生产企业，公司创办 25 周年纪念时，已跻身于国内收益最高的公司之列。

1970 年代，东丽的发展第一次遭遇大的障碍，当时，生产过剩加上日元升值影响了产品出口，公司有史以来第一次经历减员重组，不得以开始考虑业务多元化，以弥补其基础业务的不足。这个决策就是生产塑料与聚酯薄膜，最后取得成功的是三种产品，仿丝聚酯纤维"仿真丝纤维®"、新型合成皮革"埃克萨伊纳®"、"东丽碳纤维®"。1970 年代，合成材料的内需和出口市场开始下跌，东丽开始将蒂托纶聚酯纤维®的生产基地移往东南亚等地，后来，海外基地的产量与国内持平。该公司也利用其材料行业的强大的技术实力，推出生命科学和环境保护领域的产品，包括用于治疗丙型肝炎的新型复合药物（长效干扰素）和海水淡化反渗透膜。这两种产品的市场需求很高，东丽希望此类高端材料的销售额度到 2015 年达到公司营业额的 60%。

榊原定征的前任之一、现任名誉董事长前田胜之助，重构公司的基础业务、展开多元化生产从而涉足纺织之外的行业，这项改革措施自1987年起，实施了十年。前田认为，尽管整个合成纤维行业出现生产的萎缩，东丽在新领域积极寻求新发展的同时，也应该在本有的市场上继续收获同样多的"战利品"。

榊原定征在2002年擢升为总裁之前，曾在前期研发部经理伊藤昌寿手下担任应用科学工程师，开发碳纤维。伊藤也有可能成为公司的总裁。他认为，榊原身上已经承续了东丽以技术为中心的DNA。当然，榊原定征一上任就得应对公司的财务困局，这是世界范围内日益恶化的合成纤维市场造成的，况且，东丽还面临着亚洲金融危机和IT泡沫的破灭。截至2002年3月的财年度，该公司由于偿还债务的负累而陷入亏损状态。不得以之下，前田胜之助复职重任首席执行官，和羽翼未丰的公司总裁榊原定征携手，采取必要的削减成本与改革措施，使公司重新回到发展的轨道上。榊原制定了一个十点发展规划和公司远期愿景，叫作"21世纪新东丽行动方案"，为21世纪的公司转型提供思路。他大力推动，为该公司在高端材料领域的新发展奠定基础。东丽能够在全球领袖群伦，尤其是碳纤维领域。

碳纤维是一种可应用于航空与汽车领域的新型工业材料，其市场需求大涨，东丽及其同行对手加大产量，增加新生产线。不久，2008年秋，全球经济危机袭来，波音公司决定推迟787客机的生产，呈两位数增长的市场需求退到低潮水位线之下。东丽建在世界各地的生产厂家都搁置起来，新的生产计划都冻结了。预计的碳纤维营业利润从每年大约80亿日元直降为零。

榊原定征以前经历过这种情况。现在，他是一位经验丰富的船长，在执掌船舵。

"市场需求一定能够回暖，"他信心十足地说，"我们已经准备好了。"

目前，东丽致力于在其他领域寻求利润的增长，同时，永不懈怠地追求新产品、新技术的积累。一点点耐心、一点点独创性就足以让东丽闯出这场暴风雨。幸运的是，对于东丽而言，这两点恰恰是其独有的特征。

榊原定征的主要管理理念

- 努力不懈，创造新价值，服务于社会。
- 长远的企业愿景与耐性最终会获得回报。
- 集腋成裘，小业绩成就大事业。

东丽工业株式会社

成立时间：1926 年 1 月 12 日
榊原定征，首席执行官、首席运营官、总裁兼董事代表
总部：东京都中央区日本桥室町 2-1-1
　　　http://www.toray.com/
资本总额：534,838 百万日元（财年截至 2009 年 3 月）
销售总额：1,471,561 百万日元
营业利润总额：36,006 百万日元
净利润总额：16,326 百万日元
员工人数：37,924 人

跋

2008年秋，美国爆发经济危机，尚未席卷全球，便大有重整世界经济格局的态势。欧洲发达的工业化国家、美国与日本统统陷入经济负增长的困局，而这场经济危机没有从根本上动摇像中国和印度这样的新兴经济强国。世界经济重心正在发生转移：从美国转到亚洲。新兴工业化经济体在全球股市的重要性持续上升，这是由于这些国家许多公司的市场价值不断攀升的结果。

在这种情况下，日本公司的排名也下滑了。美国与世界各地信贷泡沫破裂造成的经济损失已成天文数字，此时日本有很多以制造业为主的公司由于转向或投资于真实性经济，即与金融经济相对立，围绕时尚用品、食物、软件、游戏和高质量工业产品的实体经济，从而更早地得以恢复。这更加证明了这些公司有实力凭借切实可行的技术手段打入蓬勃发展的亚洲市场。

由于汽车销售量下滑，全世界的汽车制造商都陷入财务困境，而丰田和本田轻松赢得全球的混合动力汽车市场，几乎是这两家公司瓜分了全球市场。松下推动其消费电器在新兴国家的销售，同时，在数码领域与三洋电机合并，在诸如锂电池和太阳能电池等重要的未来技术上冲在潮头。任天堂仍然是全球家庭视频娱乐游戏方面的标杆，而日本化妆品巨头资生堂正在整个亚洲扩大其女性美的愿景。麒麟与三得利最近宣布合并，肯定会在酒业与饮料行业实现重大的行业重组和结构变化，而这场金融危机就是催化剂。这场危机必然会产生一个附带的结果，也就是在日本高层管理人员中，围绕其企业的中长期目标，加强改革的计划。本书只是简单地列举了15家企业及其管理者，我认为，这只是一部分实力雄厚的日本私营企业，并非全部。其经营历史加起来超过 1200 年，无疑，这些企业概括了日本工业的过去、现在和将来。

　　为撰写本书遴选企业时，曾想过行业涵盖面要更广泛一些，如果把 15 家企业的竞争对手包括在内，本书涉及到的日本公司就会增加两三倍。但是，我希望本书可以提纲挈领地向列位讲述日本龙头企业背后所蕴含的"真正价值"；待这场全球金融危机尘埃落定之时，世界似乎要稳步迈向未来，这正是本书 15 家企业及其管理人员所关注的。

参考书目

gendai. net, April 6, 2009, Gendai net.

Hasegawa, Yozo. *Clean Car Wars*. Chuokoron-Shinsha, Inc., 2008. (English edition published Wiley & Sons, Pte. Ltd., 2008).

———. *Kono Jigyo ni Kakeru* (Betting on This Business). Nikkei Publishing Inc., 2004.

———. *Shacho no Shigoto-ho: Nobiru Shaiin o Tsukuru Keieisha no Hasso* (President Work Methods: How Top Managers Foster Better Employees). Kodansha Ltd., 2008.

Iida, Ryo. *Sekai no Dokonimonai Kaisha o Tsukuru!* (Build a Globally Unique Company!). Soshisha Publishing Co. Ltd., 2007.

Inoguchi, Osamichi, *Kirin no Ryugi* (Kirin Way). PRESIDENT Inc., 2007.

Inoue, Masahiro, Fujio Onishi, and Takaaki Muramatsu. *Toray*. ShuppanBunkaSha Corp., 2008.

Inoue, Osamu. *Nintendo "Odoroki" o Umu Hoteishiki* (Nintendo: Formula for surprise). Nikkei Publishing Inc., 2009.

Kawakami, Seiichi, Takashi Nagai, and Hiroshi Saji. *Kirin Beer*. Shuppan-BunkaSha Corp., 2008.

Kawashima, Yoko. *Shiseido Brand*. Aspect Corporation, 2007.

Kunitomo, Ryuichi. *Shohisha Shinri wa Uniqlo ni Kike!* (The Consumer Mind? Ask Uniqlo!). PHP Research Institute, Inc., 2001.

Mizuno, Takushi. *Shiseido Sendenbu Nikki* (A Diary of the Shiseido Advertising Division). Bungeishunju Ltd., 2008.

Mogi, Yuzaburo. *Kikkoman no Gurobaru Keiei* (Kikkoman Global Management). Japan Productivity Center Publication, 2007.

Nagai, Takashi. *Biiru Saishu Senso* (The Last Beer Battle). Nikkei Publishing Inc., 2006.

NHK Reporting Team. *Shin-Nittetsu vs. Mittal* (Nippon Steel vs. Mittal). Diamond Inc., 2007.

Nikkei Business, March 3, 2008 issue, Nikkei Business Publications, Inc.

Nikkei Publishing Inc. *Canon-Shiki* (Canon Mode). 2004.

Nishikawa, Ryujin. *O Yen de Oku o Kasegu!* (Earning a Million from Zero Yen!). Magazine House, Ltd., 2008.

Ogata, Tomoyuki. *Futari no Ryutsu Kakumei* (The Two-Man Distribution Revolution). Nikkei Business Publications, Inc., 1999.

———. *Masao Ogura: Keieigaku* (Masao Ogura's Businese Science). Nikkei Business Publications, Inc., 1999.

Osada, Takahito. *The Panasonic Way.* PRESIDENT Inc., 2006.

Sakane, Masahiro. *Kagiri nai Dantotsu Keiei no Chosen* (The Challenge of "Dantotsu" Management). JUSE Press, Ltd., 2009.

Sakazume, Ichiro. *Mitarai Fujio Canon-Ryu Genbashugi* (Fujio Mitarai's Canon-style "Genba-ism"). Toyo Keizai, Inc., 2004.

Sankei News, July 26, 2008, The Sankei Shimbun & Sankei Digital.

Sato, Masaaki. *Toyota no Sutorateji* (Toyota Strategy). Bungeishunju Ltd., 2009.

Shibai, Yoshihiro. *Monozukuri ni Yume o Egaku* (Shaping a Manufacturer's Dream). Shinpusha Co., Ltd., 2005.

Suzuki, Toshifumi. *Chosen: Waga Roman* (Our Romantic Challenge). Nikkei Publishing Inc., 2008.

———. *Shobai no Sozo* (The Creation of Business). Kodansha Ltd., 2003.

Takeda, Kunio. *Ochikobore Takeda o Kaeru* (Changing a Laggard Takeda). Nikkei Publishing Inc., 2005.

Takeuchi, Ichimasa. *Saraba Matsushita! Tanjo Panasonic* (Farewell Matsushita, Hello Panasonic!). Pal Publishing, 2008.

Usiminas group. *Ujiminas Kaisoroku* (Usiminas Memoirs).

Yanai, Tadashi. *Issho Kyuhai* (1 Win, 9 Losses). Shinchosha Publishing Co., Ltd., 2003.

图书在版编目(CIP)数据

经营之神：日本启示录/(日)长谷川洋三著；(美)基姆英译；王广州汉译. —北京：商务印书馆，2013
ISBN 978 - 7 - 100 - 09894 - 6

Ⅰ.①经… Ⅱ.①长…②基…③王… Ⅲ.①企业管理—经验—日本 Ⅳ.①F279.313.3

中国版本图书馆 CIP 数据核字(2013)第 069247 号

所有权利保留。
未经许可，不得以任何方式使用。

经 营 之 神
——日本启示录

〔日〕长谷川洋三 著
〔美〕安东尼·基姆 英译
王广州 汉译

商 务 印 书 馆 出 版
(北京王府井大街36号 邮政编码 100710)
商 务 印 书 馆 发 行
北京瑞古冠中印刷厂印刷
ISBN 978 - 7 - 100 - 09894 - 6

2013 年 11 月第 1 版　　开本 787×960　1/16
2013 年 11 月北京第 1 次印刷　印张 14
定价：34.00 元